AF236353

Ich rauche nicht!

Mit einfacher Psychologie Schritt für Schritt mit dem Rauchen aufhören und zum Nichtraucher werden - inkl. 4-Wochen-Actionplan

Matthes Heidt

Alle Ratschläge in diesem Buch wurden sorgfältig erwogen und geprüft. Eine Garantie kann dennoch nicht übernommen werden. Eine Haftung des Autors beziehungsweise des Verlags für jegliche Personen-, Sach- und Vermögensschäden ist daher ausgeschlossen.

Alle Rechte, insbesondere das Recht der Vervielfältigung und Verbreitung der Übersetzung, vorbehalten. Kein Teil des Werkes darf in irgendeiner Form (durch Fotokopie, Mikrofilm oder ein anderes Verfahren) ohne schriftliche Genehmigung des Verlages reproduziert oder unter Verwendung elektronischer Systeme gespeichert, verarbeitet, vervielfältigt oder verbreitet werden.

INHALT

Was sagt die Gesellschaft zum Rauchen?

Bei jungen Leuten ist das Rauchen meist „cool". Jeder kennt es, der mit dem Rauchen angefangen hat: Es beginnt oft im Freundeskreis als junger Mensch, dass man dazugehören will. Ist man erst mal dabei, scheint es kein Zurück mehr zu geben. Gerade wer empfänglich für diese Art der Sucht ist, hat es schwer, davon wieder loszukommen. Zwar zählt diese Sucht nicht zu den Süchten wie zum Beispiel das

Trinken oder die Spielsucht, die schnell dein ganzes Leben zerstören, aber dennoch zehrt das Nikotin über die Jahre an deiner Gesundheit.

Im Jahr 1995 (nur Bevölkerung von 18 Jahren bis 59 Jahren) rauchten 42,8 % der Männer in Deutschland. Dieser Wert fiel bis 2018 auf 24,2 %. Der Frauenanteil betrug 1995 genau 29,3 % und verringerte sich auch, allerdings sogar auf den Wert von 18,5 % (im Jahre 2018). Befragt, wann der letzte ernsthafte Versuch war, mit dem Rauchen aufzuhören, antworteten die Raucher: 35,5 % „niemals"/ 28,2 % „vor mehr als 2 Jahren"/ 12 % „vor 2 Jahren"/ 19,2 % „im letzten Jahr" und nur 5,2 % „im letzten Monat".

Die Gesellschaft toleriert das Rauchen bei uns in Deutschland, hat es allerdings schon ein wenig zurückgedrängt. Über die Steuern werden zum Beispiel bei einer Schachtel Zigaretten ca. 75 % des Kaufpreises über die Tabaksteuer und die Umsatzsteuer abgeschöpft. So ist der Preis für Zigaretten enorm hoch und kann im individuellen monatlichen Budget schon ordentlich zu Buche schlagen. Raucht man eine Schachtel am Tag, was ja schon ein Durchschnittswert ist, und liegt der Preis bei ca. 6,50 €/20 Zigaretten, so gibt man im Monat ca. 200,- € aus. Das ist schon für Normalverdiener viel Geld!

Die Fernsehwerbung zeigt schon seit 1974 auf Initiative des damaligen Bundesministeriums für Jugend, Familie und Gesundheit keine Spots mehr für Zigarettenmarken. In den Kinos laufen nach wie vor Werbespots der Zigarettenindustrie, aber Fachleute vermuten, dass es eigentlich nur eine Frage der Zeit ist, bis auch hier ein Verbot kommt.

2007 wurde durch den Gesetzgeber auch die Werbung im Internet und in den Printmedien verboten. Die Europäische Union führte erste Texte auf den Schachteln ein, die darauf hinweisen, wie gefährlich das Rauchen ist. Als Nächstes kamen dann die Schockfotos, auf denen zum Teil die körperlichen Auswirkungen des Rauchens drastisch dargestellt wurden und bis heute werden. Um die abschreckende Wirkung nicht abebben zu lassen, wechseln die Foto-Vorlagen alljährlich. Auch wird es Jugendlichen erschwert, überhaupt an Zigaretten heranzukommen.

Das Jugendschutzgesetz sieht vor, dass Kinder (bis 14 Jahre per Gesetz definiert) und Jugendliche (bis 18 Jahre per Gesetz definiert) keine Tabakwaren und andere nikotinhaltigen Erzeugnisse kaufen dürfen (Zigaretten, Wasserpfeifentabak, Zigarren, Zigarillos, Schnupftabak, Kautabak, E-Zigaretten und E-Shishas). Auch der Konsum solcher Produkte ist in der

Öffentlichkeit für Personen, die das 18. Lebensjahr nicht erreicht haben, verboten. Deshalb sind auch die Zigarettenautomaten so konzipiert, dass man nur mit dem Personalausweis oder einer EC-Karte (Das Alter ist auch hier eingespeichert) überhaupt die Möglichkeit hat, dort Zigaretten zu kaufen. (Übrigens droht dem Jugendlichen selbst keine Strafe, falls er Zigaretten erfolgreich im Geschäft gekauft hat!) Krankenversicherungen gehen mehr und mehr dazu über, Bonusprogramme anzubieten, die auch das Rauchen betreffen und bei denen letztlich Geldprämien (Rückzahlungen) oder Sachprämien an den Versicherten ausgegeben werden (Sammeln von Punkten).

Vor vielen Jahren war das Rauchen in Restaurants und Bars kein Problem, heute hingegen undenkbar. Nur wenn das Café oder die Gaststätte einen separaten Raum eingerichtet hat, ist es noch möglich, dort zu rauchen. Zum einen schützt man andere Menschen vor dem „Passiv-Rauchen" und als Nebeneffekt engt man für den Raucher die Freiheit ein, überall rauchen zu können, wo er will. Gern genutzt werden deshalb für Raucher auch die Biergärten oder vielerorts üblichen Sitzgruppen vor der Bäckerei oder der Bar. Zumindest sieht man allerorts überall die vor den Eingängen von Geschäften, Bürogebäuden und Hotels (usw.)

aufgestellten Aschenbecher. Jeder Raucher weiß sofort, dass in diesem Gebäude mit ziemlicher Sicherheit ein Rauchverbot gilt. Auf Bahnhöfen existieren oft belächelte Raucherzonen direkt auf den Bahnsteigen, die sich einzig dadurch vom Rest des Bereiches abheben, dass sie durch farbliche Linien abgegrenzt sind.

Auch im privaten Bereich hat sich viel hinsichtlich des Rauchens geändert. Ist man bei jemandem zu Besuch, so raucht man vor der Tür oder auf dem Balkon, vielleicht noch in der Küche bei offenem Fenster, wenn man jemanden sehr gut kennt. Ist der Freund oder Bekannte selbst Raucher, sieht es oft schon anders aus. Im Auto wird nur noch selten geraucht. Sind Kinder im Auto, ist das Rauchen ein absolutes „No-Go". Frauen rauchen fast durchgehend nicht in der Schwangerschaft, da auch alle Ärzte dringend davon abraten. Wo früher auch zwanglos geraucht wurde und dies heute fast durchgehend verboten ist, sind öffentliche Gebäude, in Bus und Bahn sowie in Flugzeugen usw.

Interessant ist auch, dass das Nikotin eigentlich ein Abwehrstoff der Tabakpflanze gegen Schädlinge ist. Die Pflanze steigert sogar die Nikotinproduktion, wenn ein Tier versucht, die Blätter zu fressen. Raupen oder andere „Fresser" werden so abgeschreckt! Nach Europa kam der Tabak im 16. Jahrhundert an den französischen Hof. Durch die Entdeckung Amerikas wurde man auf die Pflanze aufmerksam, die die Ureinwohner als Rauschmittel nutzten, aber eigentlich nur für medizinische und religiöse Zwecke. Auch in Frankreich wollte man den Tabak eigentlich einsetzen, um damit verschiedenen Krankheiten entgegenzuwirken. Vorerst handelte es sich da übrigens eher um Schnupftabak als um das Rauchen von Tabak. Auch heute gibt es noch Studien, die darauf hinweisen, dass das Rauchen Parkinson und Alzheimer entgegenwirken kann (1).

Warum soll man nicht auch einige wenige Aspekte des Nikotins erwähnen, die sich vielleicht auch positiv auf den Körper auswirken können? Es ist auch jetzt schon in der Medizin der Trend zu erkennen, Marihuana/Cannabis zum Beispiel zur Schmerzlinderung in besonderen Fällen zu verschreiben (Seit 01.März 2017 hat der Gesetzgeber erlaubt, bei schwerwiegenden (nicht näher definiert) Erkrankungen Cannabis als Medizin anzuwenden/"Medizinalhanf").

Nach obiger Studie also scheint das Nikotin auf das Gehirn auch positive Auswirkungen zu haben. Der Stoff könnte möglicherweise Parkinson und Alzheimer abmildern. Man nimmt an, dass das Gehirn fit gehalten und vor dem Verfall geschützt wird. Die Studie beschäftigt sich aber mit der Zugabe von Nikotin in reiner Form, nicht über die Einnahme per Zigarette. Gleichzeitig wird ausdrücklich darauf hingewiesen, dass ein erhöhtes Risiko für viele Krebsarten besteht sowie auch die Gefahr, Herz-Kreislauf-Erkrankungen erleiden zu können.

Das Rauchen ist aber vornehmlich ein psychologisches Problem, auch wenn körperliche Entzugserscheinungen natürlich sofort auftreten, wenn man den Konsum der „Alltags-Droge" einstellt. Die Auswirkungen betreffen fast ausschließlich den physischen Körper. Das Problem dabei ist, dass man in oberflächlichen Gesprächen dem Raucher sagt: „Hör auf zu rauchen, du schädigst deinen Körper!" Der Raucher denkt: Warum tue ich etwas, das mir selbst schadet? Er tut es ja nicht „mit Absicht". Für den, der noch nie geraucht hat, löst dies noch immer oft nur Kopfschütteln aus.

Wenn du das Rauchen allerdings mit dem übermäßigen Essverhalten anderer vergleichst, sieht es schon anders aus. Wer kennt nicht in seiner Umgebung Menschen, die zu viel essen und sich auch nicht weniger Schaden für die eigene Gesundheit zufügen? Der Ursprung dieses „unnormalen Verhaltens" ist sicherlich der Gleiche. Stresssituationen jeglicher Art geben uns eine Begründung dafür, dass wir „eine Zigarette nach der anderen" rauchen oder eben ständig etwas essen müssen. Gerade bei Menschen mittleren Alters, die übergewichtig sind, schaffen es viele nicht, selbst über Jahre hinweg, ein paar Kilo abzunehmen. Da zu empfehlen: „Hör doch damit auf, so viel zu essen.", das traut sich kaum jemand in der Öffentlichkeit zu sagen. Warum kann man den Raucher ohne weiteres darauf ansprechen, den Übergewichtigen aber nur schwer?

Das zeigt zum einen, dass viele Süchte sehr verdeckt daherkommen, andere wiederum sofort als solche erkannt werden. All dies ist wichtig zu wissen, denn wir sehen schon sofort, dass wir auf keinen Fall alleine dastehen. Das vermindert schon ein wenig den Druck, der von außen kommt und wir können trotzdem den inneren Druck erhöhen (den Druck, den wir uns selbst machen, um mit dem Rauchen aufzuhören). Das Ausweichverhalten bei Süchten ist auch recht bekannt. Hörst du auf zu rauchen, isst du plötzlich viel mehr, vor allem ja oft viele Süßigkeiten. Im schlimmsten Fall greift man plötzlich zur Flasche oder kompensiert den Druck in seinem Leben durch das „Zocken" (Spielhalle, Casino, Online-Wetten, Online-Casino u.v.m.) oder sogar durch harte Drogen.

In Deutschland existieren ca. 20 Millionen Raucher und Raucherinnen. Man spricht 14 Millionen von ihnen eine Tabakabhängigkeit zu. Beim Erhitzen und dem Verbrennen des Tabaks entstehen ca. 4000 Substanzen, die zum Teil stark mutagen und auch karzinogen sind. Die bedeutendsten Schadstoffe im Zigarettenrauch sind Benzol, Kohlenmonoxid, Cyanwasserstoff sowie das Formaldehyd, spezielle Nitrosamine des Tabaks, aromatische Kohlenwasserstoffe, Blei etc. (nach Haustein 2001).

Letztlich ist das Rauchen in Deutschland schon stark eingedämmt worden. Rauchen ist nicht sehr angesagt, auch vielleicht ein Resultat aus Aufklärung, Verhinderung von Werbung und Forcierung von Negativwerbung. Beim Alkohol sieht es da seltsamerweise ganz anders aus. Der Pro-Kopf-Verbrauch stieg in den 80-er Jahren in Deutschland auf einen Höchstwert von 15,1 Litern und sank dann bis 2010 auf einen Wert von 10,7 Litern. Mit minimalen Schwankungen ist dieser Pro-Kopf-Verbrauch allerdings bis heute nicht gesunken. Wenige Statistiken gibt es im Bereich Glücksspiel. Hier sieht man wenig Grund zur Beunruhigung. Seltsamerweise steigen aber die Umsätze (Spieleinsätze) und die Erträge der Branche. Von 2015 zum Beispiel stieg allein der Umsatz in diesem Bereich auf das Jahr 2016 um ca. 7 %. Dies alles muss man schon in die Betrachtung der allgemeinen Tabaksucht mit einbeziehen, denn sonst macht man den gleichen Fehler wie der Raucher selbst auch: Man „wandert ab" in andere Suchtbereiche (Suchtverlagerung) und die Gesellschaft wähnt sich in Sicherheit. Am Ende kann es dann wirklich passieren, dass der Zustand der Gesundheit in der Gesellschaft (physisch und psychisch) entgegen der Wahrnehmung abfallende Tendenzen aufweist.

(2) Ein Artikel in Österreich beschäftigte sich speziell mit dem Rauchverhalten von Jugendlichen. Die Jugend ist immer ein Spiegel unserer Gesellschaft. Daher ist es ratsam zu schauen, wie die Jugend mit bestimmten Themen umgeht. Wie steht die junge Generation zum Rauchen? Welche Tendenzen zeichnen sich für die Zukunft ab?

Eine junge Raucherin sagt im österreichischen "Slang": "Ich möchte tschicken, wo und wann ich will." In Österreich sind die Jugendlichen, was das Rauchen betrifft, im Vergleich zu anderen Ländern der Europäischen Union sehr "weit vorne". Es wird viel geraucht und das eventuelle Votum der Bevölkerung gegen ein Rauchverbot, also das Rauchverbot-Aus, spaltet auch die Jugend. Der Wiener Schwedenplatz besitzt eine Partymeile, das "Bermuda Dreieck", wo sich die Jugendlichen treffen.

Jede Bar, jede Disco zeigt mit einem großen Schild vor der Tür "Happy Hour" an. Ab 21 Uhr sind die meisten schon stark angetrunken. Bei starkem Frost laufen Mädchen in leichter Bekleidung und auf High Heels umher, die das Laufen noch schwieriger machen. Die Jungen schreien, lallen und pfeifen den Mädchen hinterher.

In der Bar "Steh Achterl" wirkt noch alles recht ruhig und gesittet. Die Bedienung betont, dass es sich bei diesem Lokal um ein Nichtraucher-Haus handelt. Geraucht wird aber trotzdem. Zwei junge Frauen um die 20 Jahre alt sitzen an der Bar. Anne und ihre Freundin Betty. Erstere ist schon länger Nichtraucherin und sie sagt, sie hat es bis jetzt schon über eine Woche ausgehalten. Die Freundin hingegen sitzt neben ihr und raucht genüsslich eine Zigarette. "Ich rauche schon so lange, seit ich denken kann. Ich war vielleicht 13 Jahre alt, als es losging. Jeder hat sein Leben und kann machen, was er will. Und ich "tschicke" (rauchen und chillen) halt wo und wann ich will. Dabei lacht Betty ausgelassen. Im Gespräch ist die eine für ein generelles Rauchverbot, der anderen ist es eigentlich egal, aber lieber wäre ihr es sicherlich, wenn das Rauchverbot fällt. Das ganze Problem wird bei ihrer Freundschaft aber ausgeklammert, es ist kein Thema. Die Reaktion ist sogar sehr erstaunlich, denn sie diskutieren und erzählen über das Rauchen, doch währenddessen lachen sie sich kaputt und nehmen den anderen jeweils auf die Schippe.

Richtung Eingang treffen wir zwei junge Männer, beide gerade volljährig. Sie trinken Bier und stehen an einem hohen kleinen Tisch. Auch hier wieder raucht der eine, der andere aber nicht. Das Nichtraucher-Problem in der Gastronomie und den Discotheken nervt beide sichtlich. Sie scheinen eher gleichgültig. Mit einem witzigen Spruch wischt einer der beiden das Problem vom Tisch: "Wenn jetzt alle draußen rumstehen und eine rauchen, dann ist der Saal hier ja leer."

"Das haben wir im Leben nicht vermutet." sagt M. Löwe von der Österreichischen Krebshilfe, deren Geschäftsführerin sie ist. Sie ist fassungslos an diesem Wintertag in Österreich. Der Tag, wo die Entscheidung der Regierung anstand, ob das umfassende Rauchverbot der heimischen Gastronomie revidiert wird. "So ein Rückschritt aus unserer Sicht war zu keiner Zeit zu erwarten." Ihre bekanntesten Projekte sind zurzeit die "Don't smoke - Initiative" und das dazugehörige Volksbegehren für ein weiteres Rauchverbot. "Kein Anti-Raucher-Volksbegehren sei das", sagt sie, "es sollen die Nichtraucher geschützt werden sowie die Arbeitskräfte in den gefährdeten Betrieben wie Bars, Discotheken und der Gastronomie. Auch die Jugend, die dort verkehrt, verdient eine besondere Aufmerksamkeit hinsichtlich dieses Problems. Die Grenze der Freiheit ist dort erreicht, wo ich fremden Menschen schade."

Besonders Kinder und Jugendliche werden bei dieser Diskussion in den Vordergrund gestellt. In Österreich raucht jeder zweite Jugendliche (Alter 15 - 19 Jahre). Von dieser Raucher-Gruppe rauchen fast 3/4 schon regelmäßig im Alter von 17 Jahren. Als "Nummer 1" Land der Raucher in der EU kann man Österreich zwar nicht bezeichnen, aber das Land liegt schon im vorderen Bereich. Zu diesen Zahlen gibt es immer verschiedenste Statistiken und Rankings.

"Viele paffen einfach nur, die meisten jedoch inhalieren schon.", zeigt sich am Wiener Schwedenplatz. Immer mehr Jugendliche strömen nicht nur an diesem Abend hierher. Eines der Anlaufpunkte: das "Kitsch und bitter". Das Lokal ist rauchvernebelt. Gerade im vorderen Bereich, der, wie es scheint, den Rauchern vorbehalten ist, und dort stehen auch die meisten Jugendlichen. Dort erkennt man, dass die jungen Leute den Zigarettenrauch richtig inhalieren. Es ist nicht wie beim ersten Mal, dass man nur so dran zieht. Selbst die Security ist am Paffen. Eine Schar junger Frauen will die Bar betreten. Eine der Mädchen hat eine Zigarette im Mund, worauf der Türsteher ihr den Eintritt verweigert. "Was ist los, warum kann ich nicht rein?" Der Mann bleibt konsequent: "In deinem Ausweis steht: 17 Jahre alt." Enttäuscht und verärgert kehrt die Clique um und zieht weiter.

Der Nichtraucherbereich befindet sich im hinteren Teil des Lokals. Kein Mensch ist zu sehen, und es ist weitaus kühler als im Eingangsbereich. Die Musik ist hier auch etwas gedämpfter und leiser. Später treffen wir hier doch noch ein paar junge Männer um die 20 Jahre alt. Es sind 3 Freunde und sie sitzen gemütlich an einem Tisch, ohne zu rauchen. Sie wollen einfach einen lustigen Abend haben, allerdings soll der Alkohol "ordentlich fließen". Und teuer darf es nicht sein! Einer der Jungs ist ausgesprochener Sportler und kann sich auf keinen Fall vorstellen, jemals zu rauchen. "Ich kann mir auch nicht erklären, warum manche meiner Freunde mit dem Rauchen angefangen haben. Das Rauchen macht einen kaputt und ist völlig überflüssig."

Die anderen beiden hören mehr zu, rauchen aber nicht. Trotzdem geben sie zu, dass sie ab und zu zu einer Zigarette greifen. Aber sie fühlen sich doch eigentlich als Nichtraucher. Der vordere Bereich ist ihnen auf jeden Fall zu stickig, da sitzen sie lieber hier bei guter Luft. Bei der Bedienung geben sie ihre Bestellung auf. Es ist ja "Happy Hour". 18 Drinks werden geordert, Cuba Libre, Gin Tonic und Wodka Orange.

Ein Stück weiter wartet das "Kaktus" auf die Wiener Jugend. Dort treffen wir einen Minderjährigen, der aber bald seinen 18. Geburtstag hat. "Ich habe mit 16 Jahren auf dem Schulhof angefangen zu rauchen. Eigentlich furchtbar dieser Geschmack, aber der Gruppenzwang war da und letztlich gewöhnt man sich dran, bis man es regelrecht braucht. Lachend berichtet er, dass er inzwischen nicht mehr ans Rauchen denkt. Er habe nach 100 bis 200 Zigaretten die Kurve gekriegt. Es war auch zu teuer und ein Aufklärungs-Film in der Schule mit diesen schrecklichen Bildern habe ihm den Rest gegeben.

M. Löwe möchte besonders den jungen Leuten helfen: "Alles ist wie früher. Nichts hat sich geändert mit der Verführung zum Rauchen. Der Schulhof ist meistens der Ort, wo die erste Zigarette geraucht wird." Andererseits gibt es natürlich auch Probleme zu Hause, wo es schon reicht, wenn einer der beiden Elternteile raucht. Die Lokalitäten, wo man als Kind oder Jugendlicher dem Rauch ausgesetzt ist. Vielleicht fehlen auch Warntafeln an den Schulen und mehr Initiative im Bereich der Vorbildwirkungen. Außerdem ist es für junge Leute recht leicht, an Zigaretten heranzukommen. Die "Bankomatkarten" bekommt man schon irgendwie für die allerorts hängenden Automaten und in vielen kleinen Geschäften werden viele Jugendliche gar nicht kontrolliert.

Bei der "Tobacco Control Scale", einer Statistik hinsichtlich der funktionierenden Kontrollinstanzen in einem Staat, belegt Österreich tatsächlich den letzten Platz. Dazu gehören aber ebenso Maßnahmen, die die Tabaksteuern betreffen sowie die Handhabung des Rauchens in öffentlichen Räumen. Auch dazu gehört die Werbung in dem jeweiligen Land und die Gestaltung der Zigaretten-Packungen mit oder eben ohne Warnhinweise.

Was ist so problematisch in der Diskussion um das Rauchverbot? Und wieso haben Gastronomiebetriebe dabei besondere Schwierigkeiten? M. Löwe hat da ihre Erfahrungen: "Die Österreicher sind sehr freiheitsliebend und wenn etwas verboten wird, was in ihren Augen nicht "nottut", dann wehren sie sich in der Haltung "dann tue ich es gerade deshalb". Und der Genuss spielt in der Alpenrepublik sowieso eine große Rolle. Logische Gründe kann sie ansonsten nicht dafür finden, gerade wenn sie in die Nachbarländer schaut, wo es ja wohl funktioniert. Sie teilt ihre Erfahrung aus vielen kleineren Dorfgemeinden mit: "Viele Einwohner von kleinen Gemeinden haben ihr Volksbegehren nicht unterschrieben, aus Angst, sie könnten sich Feinde im Dorf machen."

M. Löwe bleibt dennoch zuversichtlich. Nur ein Viertel raucht in unserem Staat. Die Raucher sind eindeutig in der Minderheit und dennoch kann man nicht ausschließen, dass sich die Österreicher für ein Ende des Rauchverbots entscheiden.

Warum will ich mir das Rauchen abgewöhnen?

Es ist schon wichtig darüber nachzudenken, warum ich mir das Rauchen abgewöhnen will. Viele argumentieren zum Beispiel, dass sie so viel Geld sparen könnten. Ich halte diesen Grund, mit dem Rauchen aufzuhören, als zu einfach und zu „kopfgesteuert". Sicherlich gibt es Ausnahmen, gerade wenn man noch jünger ist, aber die Gesundheit scheint mir doch das wichtigste Argument zu sein. Seltsamerweise gibt es ja gerade in den Schichten viele Raucher, die nur über ein sehr geringes monatliches Einkommen verfügen. Wenn sie schon sparen müssen und vielleicht kein Geld für Urlaub und viele andere Dinge haben, so wollen sie sich doch jedenfalls den Luxus des Rauchens leisten. Und gerade je knapper das Geld ist, desto eher brauche ich Bereiche im Leben, wo ich mir etwas Schönes gönnen kann. Natürlich sollte das jetzt nicht das Rauchen sein, aber so „ticken" wir Menschen eben und es ist auch leicht nachvollziehbar.

Man weiß ja, dass das Rauchen durch das Nikotin direkt Auswirkungen auf das Gehirn hat. Innerhalb von 30 Sekunden werden Glückshormone freigesetzt und man schätzt, dass der Effekt ungefähr 30 Minuten anhält. Deshalb rauchen wir ja auch oft im Stundentakt, um das „Wohlbefinden" zu „aktualisieren". Der Körper gewöhnt sich mit der Zeit an diesen Rhythmus und dadurch spüren wir sofort, dass uns etwas fehlt, wenn wir mehrere Stunden keine Zigarette rauchen.

Im Alltag sind wir ständig einem gewissen Stress ausgesetzt. Zum einen der positive Stress und zum anderen der negative Stress. Unsere täglichen Aufgaben, unser Beruf, der Haushalt usw. sind ja ganz normale Anforderungen, die man als positiven Stress bewerten kann. Läuft alles in normalen Bahnen, ist der Druck, den wir empfinden, nicht sehr groß. Aber wer kennt es nicht: Überall lauern andere Stresssituationen, die eher unplanmäßig „daherkommen". Im Beruf mit Kollegen oder den Vorgesetzten, in der Beziehung, finanzielle Belastungen, die nicht eingeplant waren. Das sind alles Dinge, die je nach Schwere in einen negativen Stress münden.

An diesem Punkt ist es für Raucher besonders schwierig, stark zu bleiben und nicht zur Zigarette zu greifen. Das ist natürlich keine Entschuldigung, denn andere Menschen meistern solche Situationen auch, ohne zu einem Mittel zu greifen, das unsere Stimmung aufhellt. Merkwürdigerweise können es aber auch positive Momente sein, bei denen wir zur Zigarette greifen. Bei einer schönen Feier, bei einem netten Gespräch oder in der Disco ist man in bester Stimmung und hat das Gefühl, es könnte ja noch eine Steigerung geben.

Noch schöner wäre es jetzt, noch eine Zigarette zu rauchen. Dies würde ich mit der Schwäche, die wir oft haben, erklären, dass wir das, was wir haben und erleben, nicht genug schätzen können. Dieses Thema kann ja jeder selbst mal an sich beobachten und ergründen, welche Gefühle und Gedanken einem in solchen Momenten durch den Kopf bzw. durch den „Bauch" gehen.

Wer aber schon einmal schwerer erkrankt war, weiß, wie wichtig die Gesundheit für uns ist. Das ganze Leben wird sich dann schlagartig ändern. Und es betrifft niemanden anderen als einen selbst. Was einen anfänglich als Raucher oft schon beunruhigt, sind die vielen kleinen Zeichen, die uns unser Körper gibt. Die Durchblutung ist vielleicht nicht mehr so gut und man merkt dies an Zehen und Fingern. Die Atmung verschlechtert sich und plötzlich fällt einem schon das Treppensteigen schwer. Die Arme und Füße schlafen schneller ein, als man es eigentlich kennt. Man ist schneller erkältet als früher und braucht lange, bis man die Infektion wieder los ist.

Gesundheit:

Die Gesundheit sollte also der Grund sein, warum wir mit dem Rauchen aufhören. Tausende von kleinen Anzeichen über die Jahre lassen uns erkennen, dass die Zigaretten unserem Körper schaden. Auch wenn diese Anzeichen natürlich nicht immer mit unserer Nikotinsucht zusammenhängen, kann ich die Sprache meines Körpers dazu nutzen, mich für einen Entzug zu entscheiden. Vielleicht war es ja wirklich schon ein Anzeichen für eine stärkere Schwächung unseres Immunsystems. Ich kann ja von Glück sagen, dass ich bis jetzt noch keine schlimmeren Folgen davongetragen habe und noch schnell die Kehrtwendung schaffe. Diese Zwiesprache mit unserem Körper muss jeder selbst durchexerzieren und jeden Tag auf alle ausgesendeten Signale achten. Man baut im Zeitverlauf einen großen Druck auf, der es uns ermöglicht, einen schwierigen Schritt in die gewünschte Richtung zu machen.

Der Wille ist gefragt. Mit dem Geist/Denken ist es uns möglich, den Willen zu befeuern. Solche Techniken kann man auch auf alle anderen Lebensbereiche übertragen. Deshalb braucht man auch gar nicht unglücklich über die momentane Lage zu sein, weil sich daraus erstaunlich viel für die eigene Zukunft herausarbeiten lässt. Natürlich ist das ein recht einsamer Kampf, aber schaut man mal über den Tellerrand, geht es vielen anderen genauso. Und diese tägliche Sehnsucht nach Belohnung, nach Erfüllung meiner Wünsche, nach diesem und jenem ist in anderen Bereichen fast deckungsgleich vorhanden.

Ich will viel Geld verdienen, ein Haus, ein Auto, viele Reisen; dafür tue ich alles. Und was tue ich dafür, wirklich glücklich zu werden? Ich will tanzen gehen, ins Kino, große Partys, neue Möbel usw. (ist ja an sich nichts gegen einzuwenden), aber vergesse ich darüber hinaus nicht meine Beziehungen und Kontakte? Wann habe ich mich das letzte Mal wirklich ausgesprochen? Wer will schon hören: Mir geht es momentan überhaupt nicht gut! Habe ich trotzdem den Mut, einmal wirklich innezuhalten und mein Herz auszuschütten? Sicherlich benötigt man dafür den richtigen und seltenen Augenblick. Aber was ist das Leben eigentlich wert, wenn nicht einmal das möglich ist? Und diese Flucht vor mir selbst führt uns wieder direkt zurück zum Rauchen. Der Raucher strukturiert neben der Arbeit und vielen anderen Dingen natürlich seinen Tag sehr stark nach der Zigarettensucht. Es scheint, ohne das Rauchen könne das Leben eigentlich nicht mehr stattfinden, was natürlich gar nicht stimmt.

Finanzen:

Sicherlich kann man durch das Nichtrauchen sehr viel Geld sparen. Ein leichter Raucher mit einem Konsum von 10 Zigaretten am Tag würde (wenn er nicht stopft oder dreht) im Jahr ungefähr 1200,- € sparen. Ein starker Raucher mit einem Konsum von 25 Zigaretten am Tag würde dann sogar im Jahr 3000,- € mehr im Geldbeutel haben. Raucht der Mann oder die Frau auch, kommt man schon auf enorme Summen. Das kann dann ein Mit--Grund für die Abstinenz sein. Trotzdem glaube ich nicht daran, weil die Sucht eben nicht "logisch" ist, sondern mit unserer Psyche zusammenhängt.

Geruchssinn/Geschmackssinn:

Ein schöner Nebeneffekt beim Nichtrauchen ist, dass wir unsere Umgebung wieder etwas stärker im Bereich Gerüche und auch Geschmack wahrnehmen. Da das viele Raucher wissen, kann dies ein kleiner zusätzlicher Antrieb für das Angehen seiner Sucht sein. Vielleicht nicht gerade in der Phase, wo man noch raucht, als eher in der Phase der Abstinenz. Ebenso, dass man spürt, welche Vorteile sich plötzlich zusätzlich ergeben. Man freut sich einfach, in einigen Bereichen das Leben mal wieder ganz anders wahrzunehmen.

Raucherwohnung/-haus:

Gerade Frauen stört es häufig extrem, wenn das Rauchen im Haus/Wohnung die ganze Einrichtung samt Gardinen u.v.m. "verunreinigt". Irgendwann sind dann auch die Tapeten dran, das Sofa muss neu gekauft werden, die Textilien im Schrank fangen an zu riechen. Aber auch dieses für einen Grund zum Aufhören mit dem Rauchen heranzuziehen, halte ich für aussichtslos. Es ist eben dann auch ein schöner Nebeneffekt, dass die Wohnung oder das Haus ein bisschen wohnlicher wird. Untersuchungen haben ja auch tatsächlich ergeben, dass sich durch das Rauchen viele ungesunde Stoffe in der Einrichtung festsetzen. Auffällig wird einem das zum Beispiel besonders, wenn man im Betrieb die Fenster eines Raucherraumes reinigt. Das Glas ist buchstäblich vernebelt und stark verunreinigt.

Wie ordne ich das Rauchen hinsichtlich anderer Süchte ein?

Spielsucht:

Bei der Spielsucht ist das Suchtmittel das Geld. Spieler berichten davon, dass dies problematisch ist, weil, anders als beim Alkoholiker oder Raucher, der Spieler auch im späteren "Leben in Trockenheit" mit Geld umgehen muss. Das Zocken oder Spielen ist natürlich schon eine sehr extreme Sucht, die aber von ihrem Charakter viele Ähnlichkeiten zum Rauchen aufweist.

Der Spieler zerstört sein Leben und seine Beziehungen; der Raucher zerstört seine Gesundheit. Spielergruppen im Blauen Kreuz Deutschland erklären, dass es für einen Spieler schon einen Rückfall darstellt, wenn er die Türklinke einer Spielhalle, eines Casinos oder die Seite eines Wettportals im Internet öffnet. Daraus kann der Raucher lernen. Weil diese strengen Regeln einem bewusst machen, in welchem Moment der

Rückfall schon eingeleitet wird. Schon ein Zug an der Zigarette ist einer zu viel. Dies muss schon sofort bearbeitet werden. In welcher Situation bin ich anfällig oder zu schwach dem Druck zu widerstehen?

Der Großteil der Spieler durchläuft eine Therapie und besucht daraufhin für längere Zeit eine Selbsthilfegruppe, um eine lebenslange "Trockenheit" zu erreichen. Die Spielsucht ist als Krankheit anerkannt und Professoren und Ärzte beschreiben die Trockenheit eines Spielsüchtigen wie folgt: Ist der Spieler "nass", so ist sein Inneres wie ein großes Meer im Sturm, wo es "hoch hergeht". Ist der Spieler "trocken", ist das "Meer" eine ruhige, glatte Wasserfläche. Werfe ich aber nur einen Stein wieder in das Meer hinein, so habe ich sofort wieder eine stürmische, unbändige See!

Daher die strengen Regeln der Spiel- und Alkoholsüchtigen, die bei dem „Laien" oft nur ein Kopfschütteln auslösen. Sie würden sagen: Halt es in Grenzen, setz dir ein Maximum und dann geht das schon! Falsch. Schon der Alkohol im Eis oder dem Essen beigefügt, löst bei dem Alkoholiker ein seltsames Gefühl aus. Der gerade aufgenommene Alkohol ist überhaupt nicht das Problem. Das Problem ist: Er hat es getan (Rückfall) und denkt dann: Naja, ist ja nichts passiert. Ich kann eben doch mit dem Alkohol umgehen. Bis dann die erste Flasche Bier folgt, auch wenn dazwischen noch Monate vergehen. Es ist ein psychisches Problem bzw. ein psychischer, menschlicher Mechanismus.

Alkoholsucht:

Bei der Alkoholsucht ist das Suchtmittel der Alkohol. Diese Suchtform ist jedem bekannt und jeder wird das Verhalten eines Alkoholikers sofort als krankhaft einstufen. Die Alkoholsucht ist aber entgegen der gängigen Meinung mindestens vergleichbar mit der Spielsucht. Im Gegenteil berichten Doppelabhängige (sie haben lange Zeit getrunken und sind dann später durch eine Suchtverlagerung in die Spielsucht hineingerutscht oder umgekehrt) davon, dass sie vor dem Alkohol deshalb viel Angst haben, weil sie in dem Zustand in die Spielhalle bzw. ins Casino laufen würden. Beim Spielen ist es dann in kürzester Zeit möglich, jeglichen Halt zu verlieren. Der Geldbetrag, den man z. B. in einem Monat "verzocken" kann, ist praktisch unbegrenzt! Die Angst vor dem Spielen ist noch viel größer!

Esssucht:

Die Esssucht würde ich, wenn es sich nicht um eine voll ausgebildete Krankheit handelt, der Sucht nach Zigaretten in etwa gleichstellen. Man kann vielleicht viele Jahre mit ihr leben, aber irgendwann geht es an die körperliche Substanz. Sein Essverhalten extrem einzuschränken und die Nahrungsmittel, die ich verwende, vielleicht zum großen Teil zu substituieren, erfordert auch eine enorme Willenskraft. So wie der Raucher, muss auch der Esssüchtige sein Leben grundlegend verändern. Ein großes Festessen, die Restaurants im Urlaub usw. können auch hier schon den Rückfall in alte Verhaltensweisen auslösen. Wie ja viele wissen, droht natürlich dem Raucher nach dem Rauchstopp genau diese Suchtverlagerung hin zum Essen. Daran sieht man ja schon, dass das Aufhören an sich nur die halbe Aufgabe ist, wenn nicht sogar der kleinste Teil für ein glücklicheres Leben.

Kaufsucht:

Gibt es das, denkt man? Das gibt es. Und es gibt viele Menschen, die sich so finanziell ruinieren. Auch hier gibt es natürlich viele Abstufungen und die extreme Kaufsucht ist dann vielleicht nicht so wirklich mit dem Rauchen zu vergleichen. Aber die unterschwellige "leichte" Kaufsucht ist für den Raucher auf jeden Fall auch interessant. Das ständige "sich belohnen" und "haben wollen" ist ja das gleiche Verhalten wie beim Rauchen. Alles kaufen zu wollen, ist ja logisch nicht zu erklären. Nicht aufhören zu können mit dem Rauchen, ist auch nicht wirklich logisch zu erklären. (Ich habe ja eigentlich nur Vorteile davon und könnte es sofort umsetzen!). Der Blick auf die Kaufsucht ist auch deshalb so interessant, weil wir hier auch viele "Nichtsüchtige" miteinschließen können. Das Verhalten vieler Verbraucher bezüglich des Kaufens ist für mich auch zweifelhaft. So beobachtet man immer mehr, dass die Menschen z. B. einen Sonntag (oder "kauffreien Tag") kaum mehr ertragen. Auch an Sonn- und Feiertagen haben viele Geschäfte schon geöffnet, damit sich die Kunden ihre Wünsche (jederzeit) erfüllen können. Würde man die Menschen an solchen Tagen im Geschäft darauf ansprechen, würden sie natürlich behaupten, dass es gerade lebensnotwendig war, dieses oder jenes einzukaufen.

Internetsucht:

Handelt es sich um Zocken im Internet, kann man diese Sucht sofort in die Spielsucht einordnen. Spielergruppen im Blauen Kreuz Deutschland verzeichnen immer mehr jüngere Leute, die bei den Gruppen oder bei den Suchtberatern um Hilfe suchen. Dies hat sich in den vergangenen Jahren zunehmend verstärkt. Das Problem mit dem Internet ist hier natürlich, dass wir schon mit einem falschen Klick praktisch in einer Spielhalle oder Casino stehen. Die Hürde, eine Spielhalle oder ein Casino überhaupt zu betreten, ist heute plötzlich nicht mehr vorhanden. Auch ist es dann schwieriger, eine Spielsucht im Familien- oder Bekanntenkreis zu erkennen, weil man die Sucht direkt von zu Hause aus am Computer ausleben kann.

Wie beim Spieler, hat der Internetsüchtige das Problem, selbst wenn er später „trocken" ist, dass er das Internet oft ja schon aus beruflichen Gründen nicht umgehen kann. Sein Suchtmittel ist weiterhin ständig in seinem Alltag präsent. Die Internetsucht umfasst natürlich noch viele weitere Formen. Das Strategiespiel, der Ego-Shooter usw. Hier erkennen die Betroffenen meist erst dann ihr Problem, wenn sie erst nachts um 3:00 Uhr ins Bett gehen oder Termine verpassen und ihre ganze Tagesstruktur zusammenfällt.

Cannabissucht:

Ist mit der Alkohol- und Spielsucht wohl direkt zu vergleichen. In Kliniken der Psychiatrie gibt es Karrieren von Cannabissüchtigen, die ein Abitur besitzen, aber inzwischen nicht mehr zwei und zwei zusammenzählen können.

Viele junge Leute konsumieren heutzutage wieder oft Cannabis und es scheint regelrecht gesellschaftsfähig zu sein. Ein riesiges Problem sind hier die labilen Menschen, die den Konsum immer mehr verstärken und dann letztlich auf noch härtere Drogen umsteigen bzw. auch schnell in Berührung kommen. Da ist die Versuchung auf jeden Fall sehr groß. Aber auch schon der geringere Konsum dieser Droge verursacht bei vielen Wesensveränderungen. Heikel ist dabei immer, dass sich nach Aussagen von Suchtberatern psychische Schwächen und Suchtauswirkungen gegenseitig hochschaukeln. Fühle ich mich schlecht, weil ich keine Droge habe, fühle ich mich noch schlechter, weil ich ja sowieso schon ein wenig depressiv (z. B.) bin. Jetzt rauche ich Marihuana, um mich wieder gut zu fühlen. Doch dies hält nicht lange an. Jetzt fühle ich mich noch schlechter und aus "ein wenig schwermütig" erwächst plötzlich eine echte Depression usw.

Heroin- Kokainsucht (sowie alle anderen harten Drogen):

Harte Drogen wirken sich natürlich um ein Vielfaches stärker auf unser Leben aus als der Tabakkonsum. Ein Entzug von harten Drogen kann nur stationär erfolgen. Jeder Raucher kann sicherlich nachempfinden, was es bedeuten muss, sich von Drogen mit solch starker Wirkung loszusagen. Dagegen ist die Abstinenz vom Rauchen sicherlich ein Kinderspiel. Von ehemaligen Drogenabhängigen erfährt man, dass man bei Absetzung von Heroin oder Kokain buchstäblich "die Wände hochgeht". Aber gerade im Extremen erkennt man oft sehr gut, wie eigentlich die Abläufe auf einem niedrigeren Level sehr ähnlich vor sich gehen.

PSYCHOLOGISCHE UND PHILOSOPHISCHE ANSÄTZE ZUR SUCHT

So vielfältig wie die Menschen sind, so vielfältig ist auch der Ansatz, mit dem Rauchen aufzuhören! Dies ist außerordentlich wichtig zu beachten! Da, wenn man jemandem Tipps gibt, wie er dieses Ziel erreichen könnte, man berücksichtigen muss, dass er allein letztlich der ist, der den Willen dazu aufbringen muss. Der Raucher muss auf jeden Fall die Freiheit behalten, die notwendigen Schritte selbst zu tun. Deshalb scheitern die Versuche des Laien (auf dem Gebiet der Sucht), jemanden zum Nichtrauchen zu bekehren fast immer. Wenn man es wirklich schafft, den Rauchstopp einzuleiten, ist das wirklich eine besondere Willenstat. Man kann sehr, sehr stolz auf sich sein und diese Erfahrungen entweder weitergeben oder aber auch auf anderes Suchtverhalten in seinem Leben übertragen. Denn das, was einen zur Sucht führt bzw. nicht mehr davon loskommen lässt, ist ein umfangreiches psychologisches Gebiet. Du willst dich belohnen, du willst entspannen, du willst dir Wünsche erfüllen, du willst nicht ohne dieses oder jenes leben. Jeder sieht, dass du rauchst, und kann dich darauf ansprechen.

Der Grund jedoch, weshalb du rauchst, ist ein sehr intimes, privates Thema. Auch deshalb würde ich entgegen der wissenschaftlichen Meinung auch zu einer Selbsthilfegruppe raten. Kurioserweise werden viele gängige Methoden zur Bekämpfung des Rauchens als recht wirkungsvoll eingestuft, die Selbsthilfegruppe dagegen schneidet am schlechtesten ab. Dabei sind gerade die Selbsthilfegruppen bei „härteren" Süchten die erfolgreichste Methode schlechthin.

Das Blaue Kreuz, die Anonymen Spieler, die Guttempler usw. sind fest in Deutschland integriert und leisten eine Herkulesaufgabe im Bereich der Alkoholsucht und der Spielersucht. Ein ehemaliger Alkoholiker berichtete mir, dass in einem Landeskrankenhaus ein Professor zu den Patienten in einer Gruppe sagte: „Ich kann ihnen nicht helfen, sie sind die Profis!" Er meinte damit, dass die „trockenen" Suchtkranken die besten Ratgeber für die noch „nassen" Suchtkranken sind. Daher funktionieren diese Gruppen so gut, weil der Süchtige unter seinesgleichen ist und jeder ähnliches durchgemacht hat. Das Gegenüber weiß genau, wie es dir geht und wie schwer es ist, von der Sucht loszukommen.

Sucht kommt von „Suche" wurde einmal behauptet, das scheint allerdings wissenschaftlich noch nicht bewiesen zu sein. Trotzdem hat die Sucht sehr viel mit der Suche nach etwas zu tun. Der Arzt und Autor Ruediger Dahlke hat dazu einige sehr interessante Dinge geschrieben:

(3) In früheren Zeiten wurde die Sucht als ein Krankheitsbild betrachtet. Mittelhochdeutsch "suht" sprach man schon so aus wie das heutige "Sucht". Und es stand für die Bezeichnung von Krankheiten. Jetzt finden wir auch Begriffe, die noch bis vor kurzem in der modernen Medizin für zahlreiche Krankheiten verwendet wurden: Die Gelbsucht wird heute als Leberentzündung tituliert. Die Fallsucht nennt man jetzt Epilepsie, die Schwindsucht kennt man heute als Tuberkulose, die Tobsucht nennt man nun agitierte Psychose, die Wassersucht heißt Ödemneigung und die ehemalige Bleichsucht kommt jetzt als Anämie einher. Heute meint man tatsächlich,

dass sich die Drogensucht ausschließlich auf Heroinabhängigkeit beschränkt. Das heißt, sogar innerhalb der Suchtkrankheiten werden bestimmte Süchte mehr und mehr herausgefiltert. Sucht im Alltag weist man somit brüskiert von sich. Von der Sucht will man nichts wissen. Zigarettenabhängigkeit oder Arbeitssucht fallen schon gar nicht mehr unter diesen Begriff. Somit will die Gesellschaft von Krankheitsbildern nichts wissen.

Die Gefahr besteht jedoch darin, dass uns die Sucht der Menschen vieles über unser Leben mitteilen könnte, was wir nun nicht mehr erfahren bzw. verdrängen.

Sucht und Suche stehen nahe beieinander. Es geht dabei um unseren Lebensweg und die Sucht manifestiert die Tatsache, dass es sich hier um fehlgeschlagene Versuche handelt, bestimmte Wege im Leben einzugehen. Das sollte man nicht unterschätzen, denn in alten Zeiten stand die Suche im Leben noch im Vordergrund des Zusammenlebens. Man nahm dies sehr ernst und es galt für das eigene Leben als sehr entscheidend. Bestimmte Krankheiten wurden deshalb immer als Indikator für ein Abrutschen vom eigenen positiven Lebensweg herangezogen. Sucht war dann auch eine gescheiterte Suche. Das halten wir heute für völlig nebensächlich. Dies kann sich jedoch rächen, da es der Realität ziemlich egal ist, was wir meinen und denken. Die Wirkung der "Natur des

Menschen" vollzieht sich davon unabhängig und es ist so, wie es ist!

Extremer ausgedrückt kann man durchaus behaupten, dass die moderne Gesellschaft ihre Jugendlichen in völliger Ahnungslosigkeit in jegliche Süchte hineintreibt. Und zwar geradezu planmäßig! Wir haben es uns wahrlich verdient!

Problem ist dabei vor allem, dass die moderne Medizin beide Augen zudrückt. Im Medizinstudium lernt man zum Beispiel vieles über die Leberzirrhose (vierthäufigste Todesursache in Deutschland). Das jeweilige Stadium kann man anhand der Punktion der Leber und der Auswertung der zutage geförderten Zellen wissenschaftlich bestimmen. Über die psychologischen und suchtspezifischen Aspekte der Alkoholsucht jedoch lernt man als Student nichts, obwohl ja die Wirkung auf die Leber jedermann bekannt ist. Der moderne Mediziner verweist dann auf die Psychiater, aus deren Munde jedoch auch nicht viel Wissenswertes zu hören ist. Dort wird dann über Willensschwäche und Verbote diskutiert. Es gibt schon vielerorts positive Ansätze und Ausnahmen, wo den Süchtigen geholfen werden kann. Doch in den Psychiatrien im Land scheint es nur eine Verwahrung und Verwaltung des Problems zu geben. Es scheint fast so, als befinde sich die Medizin in diesem Bereich in einer völligen

Hilflosigkeit. Wohl nicht zuletzt deshalb hat sich die Kirche schon vor vielen Jahrzehnten mit dem Blauen Kreuz diesem Problem zugewandt; und es entstanden die vielen Selbsthilfegruppen in allen deutschen Städten. Der Zusammenhang von Sucht und Suche müsste endlich in das Bewusstsein unserer Menschen eingehen. Das Ignorieren und Verdrängen muss auch in diesem Bereich ein Ende finden. Wir werden ansonsten in der Zukunft immer mehr Auswüchse und Probleme sehen, die sich verschärfen werden und auch umfassender an die Oberfläche kommen.

Im Fernsehen werden einmal im Jahr die etwa 2000 vornehmlich jungen Drogentoten beklagt. Dies bezieht sich dann immer auf die Heroinsüchtigen. Das allein ist natürlich schlimm genug, doch ebenfalls viele Tote, und zwar sehr viel mehr, finden wir als Folge des Alkohols (über 20.000). Die Toten, die man dem Zigarettenkonsum zuordnet, sollen sich auf 100.000 im Jahr belaufen. Was gar nicht zur Debatte steht, sind die tödlichen Krankheiten, die man gar nicht unmittelbar in Bezug zu den Süchten stellen könnte, weil man dann den Lebensweg des Patienten durchleuchten müsste: Spielsucht, Arbeitssucht, Habsucht, Herrschsucht usw.

Das Heroin ist schuld an den Heroinsüchtigen, die Spielautomaten sind schuld an den Spielsüchtigen und *der Alkohol ist schuld an den Alkoholsüchtigen. So läuft die Gedankenkette der heutigen Gesellschaft. Doch sie geht geradewegs an den Problemen vorbei. Vom eigentlichen Thema wird aktiv abgelenkt. Die eigenen Probleme der bürgerlichen Gesellschaft werden auf die "Drogensüchtigen" projiziert, ohne die tatsächlichen eigenen Verstrickungen in diese Problematik sehen zu wollen. In den archaischen Volksgruppen gab es nicht umsonst den sogenannten "Sündenbock". Auch sie kannten Probleme, und sie wussten auch, dass sie sie nicht bewältigen werden, aber im Gegensatz zu uns war es ihnen sehr bewusst. Ein Ziegenbock wurde erwählt und alles Schlechte projizierte man auf ihn, bis er dann schließlich den Göttern geopfert wurde. Unsere Situation scheint hingegen aussichtslos. Der Bürger projiziert lustig weiter, der Heroinsüchtige bleibt der Süchtige und richtet sich zugrunde.*

Für den Raucher sind solche verborgenen Hintergründe sehr wichtig, denn will er abstinent werden, muss er die Bedeutung einer Sucht verstehen. Die Sucht hat sehr viel mit uns selbst zu tun und daher sagen viele ehemalige Süchtige (gerade von härteren Drogen), dass es geradezu eine große Lebenshilfe war, sich mit diesem Problem und vor allem mit sich selbst zu beschäftigen. Tatsächlich beobachtet man, dass

Nichtsüchtige oft Probleme ihr ganzes Leben lang mit sich herumtragen, da sie fürchten, grundlegende psychische Narben zu bearbeiten.

Das wäre natürlich für jeden einzelnen eine Wohltat und ein immenser Vorteil. Alkoholiker, Spieler und Drogenabhängige berichten davon, dass sie gar keine Wahl hatten, ob sie zur Selbsterkenntnis hinarbeiten oder nicht. Andernfalls hätte ihnen der vollständige Absturz gedroht und somit waren sie gezwungen, sich mit dem eigenen Ich und den durch das Leben entstandenen Verwundungen oder Defekten zu beschäftigen. Letztlich geht es dabei immer um Gefühle, die nicht ausgelebt werden konnten. Die verteilten Rollen in der Familie wurden nicht durchbrochen und der Verlust von echten Gefühlen zueinander zieht meistens ein Gefühl der Hilflosigkeit und innerlicher Einsamkeit nach sich. Erlebt man seine ersten Beziehungen in der Ehe oder Partnerschaft, so setzt sich der Konflikt mit seinem Inneren zwangsläufig fort.

Das Thema Nichtraucher oder auch das Thema Sucht verbirgt ein unglaubliches Potential zur Bearbeitung von Problemen in unserer Gesellschaft! Mit dem Rauchen aufzuhören ist eine Aufforderung, unser Leben fundamental zu verändern. Für fast alle Betroffenen ist das nicht eine Sache für "mal eben so". Denn genauso kann ich fragen: Willst du nicht dein Leben so verändern, dass du eine glückliche Beziehung führst? Warum lebst du nicht so, dass dein Körper und seine Sinne wirklich gesund sind? Was für eine Lebensaufgabe verfolgst du und ist es wirklich deine Berufung? Wie kannst du einen liebevolleren Kontakt zu deinen Kindern aufbauen? Warum lebst du nur für deinen Wohlstand und nicht für ein glückliches Leben?

Es geht um sehr große Veränderungen und damit berühren wir das Fundament jedes einzelnen. Würden wir in diesem Zusammenhang die Frage an den Raucher wiederholen: "Warum hörst du nicht auf zu rauchen?", sieht der Gesprächsverlauf dann schon ganz anders aus. Der „Nichtsüchtige" würde sich in diesem Kontext sonst gar nicht wiederfinden. Er ist aber mittendrin. Das Rauchen zeugt sicherlich von einer gewissen psychischen Schieflage. Aber was ist mit unserer Nutzung des Internets, mit dem Gebrauch der Smartphones, mit dem Lottospielen, den Wetten im Internet, der Medikamentenabhängigkeit, dem Zocken mit Aktien und Optionsscheinen? Allein das Starren auf unsere Smartphones und dem ständigen Austausch untereinander über die Messenger gleicht einer Massenpsychose. Schon als die Mobiltelefone um das Jahr 2000 mehr und mehr Verbreitung fanden, konstatierten die

Psychologen Folgendes zu diesem Thema (Wo sind diese Stimmen eigentlich geblieben?): Eine permanente "Anrufbereitschaft" und das ständige Telefonieren im Alltag zeugt von einer Unselbstständigkeit. Das Verhalten ist nicht das eines erwachsenen Menschen. Es gehört zum Leben dazu, dass wir mal allein sind und Dinge erleben und durchmachen, die nicht sofort mitgeteilt werden müssen.

Hier noch etwas aus der Literatur. Jack London war ein bedeutender englischer Schriftsteller und schrieb ein Buch über die Alkoholsucht, die ihn selbst betraf. Wie ist es einem solchen großen Geist mit diesem Thema ergangen?

(4) Der Schriftsteller Jack London und seine Sucht. Das Buch „König Alkohol"

Am 22.November 1916 starb Jack London aufgrund seiner Alkoholsucht. Er trank sich zu Tode und war gerade erst 40 Jahre alt. Der Grund: Nierenversagen. In seinem Buch, das er um das Jahr 1913 geschrieben hat, ist sein Verhältnis zum Alkohol das Hauptthema. Sehr offen und wahrheitsgetreu beschreibt er den Weg, der ihn in die Sucht führte, und auch dadurch ist sein Werk bezüglich dieses Problems noch immer aktuell. Es ist ein offenes Selbstbekenntnis.

Die Liste von prominenten Schriftstellern, die durch Alkohol ihr Leben verkürzten, ist lang. Jack Kerouac, E.T.A. Hoffmann usw. Doch dieses Suchtproblem auch in einem seiner Bücher offenzulegen, das schaffte nur der Amerikaner J. London. Sein Leben selbst liest sich auch wie ein Abenteuer-Roman. Er verdingte sich als Zeitungsausträger in der Jugend, war Austernpirat und versuchte tatsächlich während der Goldrausch-Zeit an dem Fluss Klondike (Kanada) sein Glück. Er schürfte nach Gold, aber vergeblich. Dann schuftete er in zahlreichen Fabriken und reiste ohne Hab und Gut kreuz und quer durch die USA. Zum Schluss wurde er auch noch Farmer und fand seine Erleuchtung im Sozialismus. Zu den Leidenschaften, die sein Leben prägten, gehörten später nur zwei Dinge. Der Alkohol und die Schriftstellerei. Ersterer behielt allerdings die Oberhand und er verfiel dem Stoff vollends. Dieses Martyrium verschleierte er aber keineswegs, sondern behandelte es in einem seiner Bücher.

Sehenden Auges wurde er langsam zum Alkoholiker. Der Roman „König Alkohol" ist also sowohl eine Autobiographie als auch ein Roman. Es verläuft über die erste Begegnung mit dem Suchtmittel Alkohol schon mit 5 - 6 Jahren und dann dem Erfolg als Schriftsteller, der sich zur Elite des Landes zählen konnte, aber gleichzeitig ein abhängiger und suchtkranker Mensch war. Schon in den Anfängen als Kind soll er sich tatsächlich eine Alkoholvergiftung zugezogen haben, als er das für den Vater eingekaufte Bier zum Teil selbst trank. Das Buch sticht durch seine Wahrhaftigkeit hervor, es wird nichts verschönert oder verschleiert und kann wohl auch deshalb noch heute für uns von Wert sein.

Der Originaltitel lautet „John Barleycorn" und wurde nur für die deutsche Fassung umbenannt. Im Englischen hat der Ausdruck „Barleycorn" (spöttisch und verharmlosend) die Bedeutung von Bier und Whisky, eine Bezeichnung im Volksmund also. Dieser „Held" ist eine Allegorie der Alkoholsucht. Der Autor führt praktisch ein Zwiegespräch mit diesem Doppelgänger. Beschrieben wird er in seinem Buch wie folgt: „Er ist der wahre König der Lügner und er ist auch der Künder eurer Wahrheit. Willst du am Tisch der Götter speisen, so nimm dir den Alkohol als Freund. Er ist Freund und Sensenmann zugleich. Er wird dir die nackte Wahrheit offenbaren und er nimmt dich mit auf dem Weg zum Tod. Deine Träume sind verworren doch dein Blick schaut weit und tief in die Geheimnisse des Lebens, fern von der realen Welt. Doch seine Hände sind blutig und er macht auch nicht vor der Jungend halt."

Die erste Fabrik, in der er arbeitete, stellte Konserven her und er musste übermäßig lange für sehr wenig Geld arbeiten. Diese Situation war für ihn unhaltbar und nicht erfüllend, weshalb er eine Ausbildung bei der Straßenbahn begann. Er hatte dort Möglichkeiten, verschiedene Weiterbildungen zu machen. Doch die Realität war auch hier eine völlig andere. Kohlen schaufeln und für zwei arbeiten, ohne etwas wirklich zu verdienen. Später war er dann auf der Straße in Amerika und verarbeitete diese Zeit in seinem Buch „The Road" oder im Deutschen: „Abenteuer des Schienenstrangs". Er befand sich jetzt in der Gesellschaft am untersten Ende der Kette, im Kellergewölbe. Doch hier konnte er sehen, wie die Maschinerie der modernen Gesellschaft tickte. Er schrieb, dass die harte Arbeit niemals den würdevollen Glanz ausstrahlte, die ihm von Lehrern und Politikern eingeredet wurde. Sie predigten und erzählten vom Hohelied der Arbeiter, aber sie wussten nichts davon. Die Kopfarbeit rentierte sich, nicht aber die Arbeit, die er durch seine Muskeln verrichtete. Niemals wieder wollte er sich verkaufen und ausbeuten lassen, auf Kosten seines Körpers. Nur der Kopf, nur das Hirn war erfolgreich und spielte mit in der obersten Liga.

Jetzt war er Feuer und Flamme, lernte, was das Zeug hält, und schaffte tatsächlich seinen Hochschulabschluss. Zusätzlich musste er sich auch noch sein Brot verdienen. Dann kam das Studium in Barkeley und seine

Lebenssituation verschlechterte sich, da er nicht genug Geld hatte. Was lag da näher für einen Abenteurer wie ihn, sein Glück beim Goldrausch zu suchen. Er zog 1897 Richtung Nord-West-Kanada, fast an die Grenze zur Arktis und schürfte am Klondike nach Gold. Es blieb ein erfolgloses Unterfangen und so wendete er sich dem Metier zu, dass ihm am meisten lag: das Schreiben. So versuchte er sich in allen Formen der Literatur und erlangte nach und nach eine außergewöhnliche Beweglichkeit in der Kunst des Schreibens. Er schreibt wie ein Wahnsinniger, wie das geht, hat er ja in seinen harten Arbeitsjahren gelernt. Arbeiten bis zum Umfallen. Wenig Schlaf und 1000 Wörter pro Tag. Die Verlage bombardiert er mit Reiseberichten und verschiedensten Geschichten und hat nach einem Jahr seinen ersten kleinen Erfolg, als ihm die Zeitschrift „Overland Monthly" eine Erzählung abkauft. Natürlich erhält er nur sehr wenig Geld. Doch ab diesem Punkt beginnt die steile Karriere des Jack London.

Doch nun leidet seine Psyche. Diese Schwermut lastet er aber nicht dem Alkoholkonsum an, sondern seinem Intellektualismus. Als Schriftsteller spürt er natürlich, was in seiner Kunst nicht genug aus dem Herzen kommt. Suizidgedanken befallen ihn. Doch er denkt an seine Freunde, seine Familie und an die Gesellschaft, die er doch mit verändern möchte. Dies führt ihn auch später dazu, sich in Oakland für ein Bürgermeisteramt aufstellen zu lassen. Sein Anliegen war natürlich, Verbesserungen für die Arbeiter in den untersten Schichten zu erreichen. Aber auch das Wahlrecht für Frauen lag ihm am Herzen. Die Aktion blieb erfolglos, denn er wurde nicht gewählt.

Doch seine Depressionen sind wieder voll da und das Trinken sowieso. Er erkennt genau die „Mechanismen" in seinen Handlungen und Gefühlen und er weiß, dass er sich selbst betrügt. Ein besonderes, für viele Laien verborgenes Geheimnis der Sucht benennt er exakt: Wer kontrolliert trinken will, ist in Wahrheit auf der untersten Stufe der Sucht angelangt. Er erlegt sich selbst Regeln auf, die ihn davon abhalten, schon am Mittag volltrunken zu sein. Diese „1000 Worte Regel", die er für sich selbst erfunden hat, besagt, dass er den ersten Alkohol erst dann trinken darf, wenn er nach dem Aufstehen mindestens 1000 Wörter geschrieben hat. Wohl verheerend wirkten sich dann die regelwidrigen „Urlaubstage" aus, an denen er sich erlaubte, auch schon morgens zu trinken. Es war ja kein Arbeitstag!

Langsam geht es mit ihm bergab, da er immer mehr trinkt und letztlich auch seine berühmte Regel nicht mehr beachtet. Zum Schluss verkündet er gar, man solle den Alkohol strikt verbieten und versteigt sich mit *solchen Ansichten in einem Buch mit dem Titel „Alkoho-lische Erinnerungen". Wahrscheinlich ist er schon zu die-sem Zeitpunkt nicht mehr Herr seiner Sinne und nach ei-nem Nierenversagen stirbt er mit nur 40 Jahren. Ein Mit-streiter und Freund von Jack London schrieb später über das Buch: Das Herzstück der Propaganda für die Prohi-bition bildete das Buch „König Alkohol". Und es ist ver-rückt, denn es ist ausgerechnet das Buch eines Trinkers, der nie die Absicht hatte, das Trinken aufzugeben. Eine furchtbare Ironie in der Geschichte des Alkohols.*

Wir sind heute in der Gesellschaft fast ausnahms-los wie trockene Schwämme, die nur darauf warten, sinngebende Ansätze für das Leben zu erhalten. Ge-rade deshalb ist es auch wichtig, dieses beim Thema Sucht/Rauchen anzusprechen. Denn schon beim zwei-ten Schritt nach dem Aufhören geht es ja schon los. Was suche ich mir als „Ersatz" oder als neue Erfüllung, um nicht Gefahr zu laufen, wieder in das alte Suchtver-halten zurückzufallen. Das ist nicht so einfach. Viele fangen mit Sport an und Bewegung ist bestimmt nicht das Schlechteste. Beim Mannschaftssport hat man au-ßerdem noch den geselligen Aspekt bzw. zusätzliche schöne Erlebnisse in einer Gruppe.

Ein großes Feld, das auch viele „Nicht-Süchtige"

kaum beackern, ist die Kreativität. Wie sagt man so schön: "Ich lebe nicht, um zu arbeiten, sondern ich arbeite, um zu leben." Doch zum Leben gehört dann nicht nur Kneipe, Urlaub und Kino sondern auch der Bereich, den ich unter „Kreativität" zusammenfassen möchte. Ein klassisches Konzert besuchen, eine Lesung, eine Galerie mit schöner Kunst ist vielleicht schon ein Anfang. Doch weiter gedacht sind wir ja selbst auch Musiker, Maler und Schriftsteller.

Unter kreativen Tätigkeiten kann man natürlich vieles zusammenfassen! Und dabei berührt man immer Bereiche, die sonst den "Profis" überlassen werden. Zum Beispiel in der Kunst gibt es die schönsten Möglichkeiten, etwas Sinnvolles zu tun oder zu schaffen. Ein Instrument spielen, mit Öl oder Aquarell malen, Skulpturen oder ähnliches erstellen, Theater spielen oder etwas schreiben. Eigentlich schade, wenn man bedenkt, wie viel Zeit der Einzelne vielleicht in der Woche hat und diese oft sinnlos verstreichen lässt.

Es ist schon klar, dass man viel vor dem Fernseher sitzt oder am Computer und wir brauchen das manchmal, um einfach zu Entspannen. Das muss auch sein und dennoch bleibt immer ein wenig Zeit, mal etwas ganz anderes auszuprobieren. Wen kennt man schon, der etwas malt oder öfter mal ein Instrument spielt.

Viele, die es tun, füllen dann aber gleich ihr ganzes Leben damit aus oder haben sogar beruflich damit zu tun. Aber der Zweck der Kreativität ist nicht, dass "hinten etwas herauskommt", sondern es soll uns in ein kreatives Tun hineinführen.

Ganz davon ab können solche Freizeitaktivitäten auch unser ganzes Leben positiv verändern. Es ist nicht nur als Ersatz für das Rauchen oder andere Süchte zu betrachten. Wie gesagt, es geht nicht um herausragende Fertigkeiten, sondern darum zu erleben, welches Potential tatsächlich in einem schlummert; und um zu erleben, wie ein Bild entsteht, eine Melodie oder auch ein Gedicht. Dann gibt es noch das Kunsthandwerk, man kann auch Spiele erfinden, ein Instrument bauen oder ein einfaches Segelschiff. Je ausgefallener und komplizierter, desto mehr könnte man letztlich "Feuer und Flamme" sein. Gerade, weil es sehr umfangreich ist und außergewöhnlich und man vielleicht diverse Dinge erst einmal recherchieren muss. Ich kannte mal einen jungen Friseurgesellen, der mir die Haare schnitt.

Er verdiente natürlich nur einen Hungerlohn und erzählte mir, während er meine Haare schnitt, dass er sich in der Freizeit eine Gitarre vollständig selber baut. Sogar die zu verwendende Art des Holzes, die er gebrauchen wollte, hat er sich mühsam aus dem Internet und in Büchern herausgesucht. Ich habe nur gestaunt! Und er hat sich auch noch Hilfe von Profis durch Gespräche geholt, wie man so ein Instrument überhaupt zusammenbaut. Das alles sollen nur Anregungen sein! Oft sind wir viel zu starr auf den gewöhnlichen "Gleisen" unterwegs und schauen nicht nach rechts und links. Viele Ideen tut man leichtfertig ab, aber eigentlich sind neue Wege viel einfacher zu gehen, als wir meinen. Und sie sind nicht sinnlos oder banal, wie viele im ersten Moment glauben möchten. Mal ein paar tiefgreifende Kostproben von der wirklichen Bedeutung der Kunst? Viele wissen es gar nicht:

"Die Kunst ist in der Lage, uns aus den Sackgassen
des Lebens wieder herauszuführen."
(Ohne die Kunst sind wir letztlich tatsächlich oft ret-
tungslos verloren.)

"Die Kunst ist dafür da, den Rand der Gesellschaft
wieder in die Mitte hineinzubringen."
(J. W. von Goethe)

"Nur durch die Kunst ist es möglich, das Private in die
Öffentlichkeit zu bringen."
(J. W. von Goethe)

"Der Künstler hat die Fähigkeit, sich im besonderen
Maße in die großen Empfindungen hineinzuversetzen
und die Aufgabe, den Leser an die Hand zu nehmen,
um ihn ebenso daran teilhaben zu lassen. Der Leser
fühlt und denkt im Einklang mit einem großen Geist."
(Theodor Storm)

"Der Humor hat Flügel aus der Ewigkeit, die uns so
lange necken, bis wir der Sturheit überdrüssig sind."

In der Öffentlichkeit zählt nur: Er oder sie raucht
nicht mehr! Aber was, wenn der Süchtige zwar

aufhört, aber seine Sucht verlagert? Unsere Umgebung, auch im privaten Bereich, ist zufrieden, wenn die Sucht "bekämpft" ist. War der beschrittene Weg tatsächlich erfolgreich? Wer dann damit beginnt, vermehrt Alkohol zu trinken, hat nichts erreicht.

Daher macht es eigentlich auch gar keinen Sinn, den Raucher allein davon zu überzeugen, dass er aufhören soll. Sozusagen aus ganzheitlicher Sicht gehören auch die Sinnsuche und viele alltägliche Probleme dazu. Jeder kennt ehemalige Raucher, die plötzlich zu viel essen, speziell natürlich auch Süßigkeiten oder dann in schwere Süchte abrutschen. Die Zigarette zerstörte meine Gesundheit, aber "härtere Drogen" werden mein ganzes Leben schnell und umfangreich zerstören. Und umfänglich bekannt sind die ehemaligen Raucher, die es nicht schaffen.

Manchmal dauert es Jahre und doch ist die Nikotinsucht wieder da bzw. man raucht wieder und findet sich auf dem alten Level wieder. Daher sollte auch jeder, der zum Nichtraucher wurde, vorsichtig mit guten Ratschlägen sein. Erst am Ende beweist sich, ob man seinen "Tiefpunkt" schon erreicht hatte und ob man die Sucht in Verbindung mit dem eigenen Leben gut ver- und bearbeitet hat. Es heißt also, dass wir viele Bereiche unseres Lebens (natürlich Schritt für Schritt) verändern müssen. Gleichzeitig müssen wir unseren Willen befeuern, um stark genug zu sein, von den Zigaretten abzulassen. Ein genialer Schriftsteller sagte mal: "Wir haben viele hehre Absichten, meist zeigt sich jedoch, dass diese im alltäglichen Leben nicht standhalten."

Da sind wir, obwohl dieser Satz alle Bereiche des Lebens einschließt, auch schon mitten im Thema Sucht. Wir können uns selbst beobachten, wie wir schon bei leichten Einschränkungen des Rauchens zu straucheln beginnen. Mal rauchen wir 6 Zigaretten weniger am Tag und sind stolz auf uns. Mal rauchen wir genauso viel wie in alten Zeiten. Wir kommen an eine Schwelle, die es zu überwinden gilt. Ich meine, es ist auch eine "Herkules-Aufgabe", diesen Schritt anzugehen und letztlich dann erfolgreich zu meistern.

In der Philosophie sagt man, dass es oft viele Anläufe braucht, bis es uns gelingt, das Ziel zu erreichen. Dieser Gedanke ist äußerst wichtig, da wir eben niemals aufgeben dürfen. Ob 5 Anläufe oder 30 oder mehr, es ist egal. Letztlich kann oder wird es uns gelingen, die Hürde zu meistern. Dabei kommt dann auch die Bedeutung des Scheiterns zum Tragen. Der Begriff des Scheiterns ist immer negativ besetzt. In psychischen oder seelischen Zusammenhängen hat das Scheitern aber eine genau entgegengesetzte Bedeutung. Ein Scheitern wirft uns zwar äußerlich zurück, aber es führt zu einer konzentrierteren Besinnung und macht uns stärker. In unserem Inneren bauen wir für den nächsten Angang zusätzliche Kräfte auf.

Dieses Paradoxon kann man auch auf viele andere Lebenssituationen anwenden oder projizieren und daher ist die Bekämpfung der eigenen Sucht auch ein Meilenstein im Lebensweg des Betroffenen. Er lernt sich und andere besser kennen und kann die gewonnene Erfahrung auch auf andere Bereiche seines Daseins ausweiten. Dies ist auch schon ein Teil der Sinnsuche in unserem Leben. Was ist wirklich wichtig im Leben? Was kann ich tagtäglich Sinnvolleres machen, um glücklich zu werden?

Hier gibt es noch einen weiteren interessanten Ansatz aus dem Bereich der Philosophie, der sagt: "Wir müssen uns in den Zustand der positiven Verzweiflung versetzen." Man sieht, wenn man die Sucht betrachtet, steigt man letztlich immer tiefer in die Geheimnisse des Lebens ein. Daher ist es auch unglaublich interessant und lebensdienlich. Ich möchte auch noch einmal betonen, dass diese Zusammenhänge auch jeden vermeintlichen "Nichtsüchtigen" betreffen und auch er eigentlich aus diesen Erfahrungen sehr viel für sein

Leben herausarbeiten könnte. Er würde wahrscheinlich schnell realisieren, dass die Problematik in abgeänderter Form sein eigenes Leben stark betrifft!

Diese positive Verzweiflung heißt: Da wir oft zu schwach sind, ist die Verzweiflung schon angebracht. Wir stehen uns selbst wie ein Fremder gegenüber. Aber in diesem Zustand zu erkennen, dass Licht am Ende des Tunnels ist, und dass uns der ungeheuerliche Druck zu ungeahnten Kräften hinführt: Das ist die positive Verzweiflung! Zu sehen, dass eine Veränderung schon kurz bevorstehen könnte. Es gibt also eine Verzweiflung, die uns aus vielem herausführen kann, was wir uns mit unserem kühlen Verstand nicht hätten vorstellen können. Die Zurückbesinnung auf uns selbst ist kein trauriges Elend, sondern am Ende die Asche, aus der der Phönix aufsteigt.

Dieser Bereich, der die Selbsterkenntnis betrifft, soll hier zumindest angerissen werden, denn die Sinnsuche geht ja immer mit der Sucht einher bzw. ersetzt Erstere. Jetzt meint der eine oder andere: Was hat das alles mit dem Rauchen zu tun? Sehr viel! Oft sind es gerade diese Gedankengänge, die in die Tiefe führen, die der Süchtige auch sucht. Doch das Leben stumpft uns oft sehr stark ab und wir trauen uns nicht, in bestimmte Richtungen weiterzuforschen. Vielleicht glauben wir auch, dass dies den Philosophen und Wissenschaftlern zur Aufgabe gestellt werden sollte und nicht uns. Hier kommt auch die Selbsterkenntnis mit ins Spiel. Sie ist über die Jahrhunderte in ihrer Bedeutung selten erkannt worden. Dabei ist die Selbsterkenntnis noch heute Zukunftsmusik. Wir wissen viel, wir meinen alles zu kennen, aber wir kennen nicht mal uns selbst. Dabei warten viele Geheimnisse in diesen Bereichen auf uns. Den Weg dorthin muss jeder selbst gehen. Dieser Mikrokosmos ist so umfangreich und voller nie gesehener Bilder entsprechend dem Kosmos, so wie er sich um unsere Welt ausdehnt. Und wer könnte sich schon vorstellen, was das Universum bedeutet? Sinnsuche geht immer mit der Sucht einher bzw. ersetzt Erstere.

Ein Fund zum Thema Sucht aus der Literatur! Ein Buch von Leslie Jamison:

(5) Leslie Jamison war ebenso wie Jack London der Alkoholsucht verfallen. Bezüglich dieses Themas hat sie ein Buch geschrieben, in dem sie sehr persönliche Details preisgibt. „Die Klarheit" behandelt nicht nur den Zustand in der Sucht, sondern auch die Befreiung davon. In einer Passage lässt sie ihren Freund zu Wort kommen, der die verzwickte Situation ihrer Beziehung so ausdrückt:

„Ich habe dich gestern betrogen, mit einer Frau, die im Vollrausch war. Du warst es, und doch warst Du es nicht." In einer anderen Situation bestellt sie sich einen Cocktail und sinnt in ihrem Wahn, während sie an der Theke wartet: Wie wäre es schon, bevor der Cocktail da ist, die lange Zeit mit einem Wodka oder ähnlichem zu überbrücken.

Sie zitiert auch andere Schriftsteller wie Malcom Lowry. Und sie stimmt ihm bei, dass das böse Erwachen etwa zu vergleichen ist, als wenn deine Knochen unter deinem Fleisch aneinander reiben. Bestätigen kann sie auch, dass der Alkoholiker mit einem lebenslangen Problem rechnen muss und der Verstand und die Klugheit keineswegs in der Lage sind, diesen Gegner erfolgreich zu bekämpfen. Dem Leser wird das Innerste ihrer Persönlichkeit gezeigt, aber auch die anderen großen Autoren wie W. Berryman oder S. King.

Genau wie sie legen sie eine Alkoholiker-Karriere hin, die ihresgleichen sucht. Und vielleicht sind die Gefühle und der Wille ein großer Teil des Puzzles, den es braucht, um sein Leben wieder zu einem Ganzen zusammenzusetzen. Leslie Jamison wurde 1983 in L. A. geboren und studierte in den USA „Kreatives Schreiben". Selbst das Thema Rassismus liegt ihr im Zusammenhang mit der Sucht am Herzen, denn ein schwarzer Säufer ist immer das Ungeheuer und der weiße Alkoholiker ist das bedauernswerte Opfer einer gefühllosen Gesellschaft. Sie wird trockene Alkoholikerin, wohl auch durch die Selbsthilfegruppe, die sie besucht. Es sind die AA`s, die Anonymen Alkoholiker, die es ja auch in Deutschland gibt. Viele Abende, die sie früher mit Alkohol „versüßt" hat, empfindet sie jetzt manchmal, als hätte sie tiefe Wunden in ihrem Fleisch. Wie ein angeschossenes Wesen!

Früher kannte sie ein Lebensgefühl des „The Show must go on" und heute, selbst in der Abstinenz: Wir sind doch alle auf eine gewisse Art „Showmaster", auch wenn der Alkohol nicht mehr dabei ist. Die Abende in der Selbsthilfegruppe scheinen für sie wichtig zu sein und der Garant für ein trockenes Leben. Sie schildert diese 2. Phase in ihrem Leben aber keineswegs als erfüllt und außerordentlich glücklich, was den Leser auch davon überzeugt, dass der Bericht authentisch zu sein scheint.

Diese willenlosen und verkaterten Zeiten mit Scham und Verzweiflung hat sie zwar hinter sich gelassen, doch die Abenteuer des Rausches und der Partys fehlen ihr sichtlich. Das war Spannung, Spaß und das pralle Leben. Das Betrinken ist wie eine Geschichte, die deine ganzen Sinne in Beschlag nimmt, und eine Sinnsuche ist gar nicht erforderlich. So scheint es zumindest, die Außenstehenden sehen es gewiss anders. Ihr Klassiker über den

Alkohol mit bösem Ende ist der Roman von C. Jackson „Ein verlorenes Wochenende". Ihm gelang es nicht, das „Ruder herumzureißen", im Gegensatz zu Jamison. Eine Anleitung zum „Trockenwerden" ist das Buch vielleicht nicht, aber es lässt den Leser erahnen, welche Höllen sich im Inneren des Süchtigen entfesseln. („Die Klarheit", Alkohol, Rausch und die Geschichte der Genesung)

WIE KANN ICH MIR DAS RAUCHEN ABGEWÖHNEN?

Neben dem wichtigsten Punkt, dem eigenen Willen, mit dem Rauchen aufzuhören, kann man für eine Abstinenz auch einige Hilfen in Anspruch nehmen. Wie weit dies sinnvoll ist, muss jeder selbst für sich entscheiden. Viele haben es tatsächlich mit dem Nikotinpflaster als Beispiel erfolgreich geschafft. Denn immerhin sind in der Zeit der vollständigen Abstinenz die Entzugserscheinungen nicht so hoch und man kann sich in dieser Phase die ganze Prozedur erleichtern. Auf jeden Fall aber muss immer die psychologische Seite im Vordergrund stehen, denn sie kann letztlich der Grund dafür sein, dass man rückfällig wird oder gar in schwerere Süchte hineinrutscht. Die Methoden über Hypnose und Antidepressiva wurden hier der

Vollständigkeit halber mit aufgenommen, obwohl deren Durchführung oder Wirkungen für mich sehr zweifelhaft erscheinen.

Zu erwähnen ist auch, dass es im Verlauf oft Lebensumstände gibt, die prädestiniert dafür sind, sofort das Rauchen einzustellen. Schwere Erkrankungen gehören auf jeden Fall dazu, aber ich meine gerade die normalen Erkrankungen wie Grippe, Erkältung oder Fieber und Kopfschmerzen. Jeder Raucher kennt es, dass in solchen Zeiten selbst die Zigarette nicht mehr schmeckt. Und gerade diese Krankheitsphasen sollte man vielleicht unbedingt nutzen, einen Neuanfang zu wagen und das Rauchen ganz einzustellen. Wenn einem dieses nicht gelingt, vielleicht ist es dann die Gelegenheit, zumindest schon einmal auf ein niedrigeres Niveau des täglichen Zigarettenverbrauchs zu gelangen. Das wäre dann eine gute Ausgangsposition, um sein Rauchverhalten weiter einzuschränken und dann letztlich ganz aufzuhören.

Mögliche Methoden zur Unterstützung der Abstinenz vom Rauchen die angeboten werden:

Selbsthilfegruppen:

Das Blaue Kreuz in der Evangelischen Kirche Deutschland zum Beispiel bietet Selbsthilfegruppen für Raucher an. Die jeweiligen Kontaktadressen kann man über das Internet herausfinden, unter: bke-suchtselbsthilfe.de/suchtselbsthilfe/tabak-nikotinsucht

Die Selbsthilfe hat sich bei vielen Süchten bewährt. Schafft man die Entwöhnung nicht allein, bietet sich auf jeden Fall eine Selbsthilfegruppe an. Der gegenseitige Austausch hilft enorm und der Schritt, an einer Gruppe teilzunehmen, unterstreicht die Ernsthaftigkeit, mit der ich an das Problem herangehe. Es ist ja auch schon eine erste Verbindlichkeit, die ich hinsichtlich meiner Tabaksucht eingehe.

Akupunktur:

Bei der Akupunktur nimmt der Arzt/Therapeut mehrere Nadeln und sticht sie in die Suchtpunkte des Ohrs. Ziel ist dabei, das Verlangen nach Nikotin und häufig auftretende Entzugssymptome wie Unruhe, Nervosität, Esslust, Schwitzen und Herzklopfen zu verringern. Die bisherigen Untersuchungen konnten jedoch nicht wirklich bestätigen, dass eine oder mehrere Akupunktur-Sitzungen die Chance steigern, dass der Betroffene abstinent leben kann und dies auch auf lange Sicht. Die

Akupunktur ist eine für uns Europäer recht außergewöhnliche Maßnahme, die in ihren Wirkungen für uns nicht wirklich fassbar ist. Die Akupunktur wurzelt in der Traditionellen Chinesischen Medizin, bei der eine für den Körper förderliche Wirkung durch Nadelstiche an bestimmten Punkten des Körpers erzielt werden soll. Bei der herkömmlichen und gängigen Form der praktizierten Akupunktur spricht man von einer "Lebensenergie unseres Körpers", die auf festgelegten Leitbahnen (Meridianen) hin und her „strahlen" und einen steuernden Einfluss auf alle Funktionen und Organe unseres Körpers haben sollen.

Homöopathie:

Folgende Mittel werden zur Unterstützung der Tabakentwöhnung verwendet: (Das richtige Präparat wird immer anhand der Arzneimittelbeschreibung ausgewählt.)

+ Übelkeit und Gliederschmerzen durch Entzug
Verabreichte Mittel: "Caladium seguinum", Potenz ist D12 (5 Globuli, mehrmals/3 täglich)

+ Verlangen nach Zigaretten, Kopfschmerzen, erhöhte Reizbarkeit, Verstopfung und Übelkeit

Verabreichte Mittel: "Nux vomica", Potenz ist D12 (5 Globuli, mehrmals/3 täglich)

+ Kalter Schweiß und stärkere Übelkeit, auftretender Schwindel, teilweise Blässe, Erbrechen und aussetzender Puls
Verabreichte Mittel: "Tabacum", Potenz ist D12 (5 Globuli, mehrmals/3 täglich)

+ Stärkere Stimmungsschwankungen, wechselnd seelisch und körperliche Krankheitssymptome, vermehrte Nervosität
Verabreichte Mittel: "Ignatia", Potenz ist D12 (5 Globuli, mehrmals/3 täglich)

+ auftretende Ruhelosigkeit, vermehrter Bewegungsdrang
Verabreichte Mittel: "Rhus toxicodendron", Potenz ist D12 (5 Globuli, mehrmals/3 täglich)

Welche homöopathischen Mittel bei Ihnen hilfreich sein könnten und welche Mengen in welchen Abständen sinnvoll sind, sollte immer ein Heilpraktiker klären. Teilweise können auch Apotheker dahingehend beraten.

Nikotinpflaster („Nikotinersatztherapie"): Nikotinpflaster sind in unterschiedlichen Stärken erhältlich. Das Nikotin wird aus dem Pflaster über die Haut gleichmäßig und langsam aufgenommen. So wird ein bestimmter Nikotinspiegel im Blut angesammelt. Nikotinpflaster eignen sich bei einer mittleren bis hohen Tabakabhängigkeit und einem gleichmäßig über den Tag verteilten, etwas höheren Konsum (9 – 41 Zigaretten/Tag)

Vorsicht: Immer die Packungsbeilage sorgfältig und komplett durchlesen! Die teuren hochdosierten Nikotin-Pflaster (Es gibt meist 3 verschiedene Stärken die entsprechend in den 3 verschiedenen Phasen der Entwöhnung verwendet werden. Also in der ersten Periode nimmt man die hochdosierten Pflaster und in der letzten Phase die sehr niedrig dosierten Pflaster.) enthalten natürlich besondere Dosen an Nikotin. Und Nikotin ist ein gefährlicher Stoff! Würde man das gesamte Nikotin einer Zigarette(!) innerhalb von 1 Sekunde aufnehmen, könnte man sterben. Da der Stoff aber innerhalb von Sekunden im Blut sofort abgebaut wird, kommt es zu keiner Vergiftung.

Nikotinkaugummi („Nikotinersatztherapie"): Nikotinkaugummis sollten für mindestens 30 Minuten langsam und bewusst gekaut werden, bis die Wirkung spürbar wird. Nikotinkaugummis sind vor allem bei niedrigem bis mittlerem Konsum von bis zu 13 Zigaretten pro Tag geeignet. Bei größerer Abhängigkeit kann man in außerordentlich leidvollen Phasen zusätzlich zum Pflaster einen Nikotinkaugummi gebrauchen. Wie siehe oben: Immer ist Vorsicht geboten und im Zweifelsfall fragt man den Hausarzt. Auch die Apotheker können einen bei diesem Thema sehr gut beraten. Wenn man schon älter ist, Vorerkrankungen oder Allergien hat, muss man hier besonders verantwortungsvoll handeln und sich Rat bei Fachleuten holen.

Nikotin-Lutschtabletten („Nikotinersatztherapie"): Beim Lutschen, der Verwendung der Nikotinlutsch- und Sublingualtabletten, wird das Nikotin über eine Zeitspanne von 15 bis 30 Minuten Stück für Stück freigesetzt und über die Mundschleimhaut aufgenommen. Sublingualtabletten werden vornehmlich unter der Zunge positioniert, wo sie sich in wenigen Minuten auflösen und das Nikotin wird somit freigesetzt und an die Mundschleimhaut abgegeben. Diese Form von Tabletten sind bei mittlerer bis starker Nikotinabhängigkeit und einem relativ hohem, vielleicht mehr ungleichmäßigem Tageskonsum und auch in Verbindung mit dem schon erwähnten Nikotinpflaster am besten geeignet.

Zudem gibt es noch Nikotininhaler mit relativ niedrigeren Nikotindosen und Nikotinmundsprays, die einem herkömmlichen Mundspray in ihrer Gebrauchsanwendung recht ähnlich sind. Beim plötzlichen Rauchverlangen wird das Nikotin durch wenige Sprühstöße in die Mundhöhle gepresst/gesprüht.

Antidepressiva:

Vorgestellt wird das Antidepressivum "Bupropin" (Amfebutamon, Zyban (R)). Gleich vorweggesagt, scheinen solche starken Medikamente nicht geeignet zu sein, dem durchschnittlichen Raucher dabei zu helfen, abstinent zu werden. Das wäre das typische "mit Kanonen auf Spatzen schießen". Viele Therapeuten raten davon ab, da sehr starke Nebenwirkungen auftreten können. Trotzdem soll diese Therapieform kurz erwähnt werden. Es existieren von 53 randomisierten Studien 40 Studien mit Bupropin. Die Fachzeitschrift "Cochrane Library" hat 2007 eine komplette Übersicht über Antidepressiva für den Raucherstopp veröffentlicht. Ob eine Blockierung von Nikotinwirkungen, eine Erhellung der Stimmung oder andere Mechanismen, die Abstinenz vom Zigarettenrauchen unterstützen, ist nicht wirklich gezeigt worden. Die Erfolge waren auf keinen Fall schlüssig. Das untersuchte Medikament zeigte viele unerwünschte Wirkungen, und zwar mehr als andere Antidepressiva. Häufig treten Schlafstörungen auf, trockener Mund sowie gelegentliche Übelkeit. Auch allergische Reaktionen wurden hier vermehrt beobachtet. An der Haut vornehmlich, seltener sind bestimmte Störungen, die etwa einer Serumkrankheit ähneln. Bupropin kann manchmal auch zerebrale Krampfanfälle auslösen. Trotz aller Nebenwirkungen wird dieses Medikament für den Rauchstopp von der Medizin favorisiert.

Hypnose:

Ich halte diese manipulative Methode, die in unser Unterbewusstsein eindringt, nicht unbedingt für seriös. Für den Behandlungsstuhl beim Zahnarzt halte ich die Hypnose für gar nicht so abwegig. Die Zigarettenentwöhnung allerdings bedeutet schon einen wichtigen Schritt in unserem Leben. Es geht ja gerade darum, dass ich selbst als Mensch diese schwierige Entscheidung treffe und durchsetze, und dies eben nachhaltig für viele Jahre bzw. für die restliche Lebenszeit.

Diese kostenintensive Therapieform erfreut sich einer großen Beliebtheit. Einfach Einschlafen, dann Aufwachen und rauchfrei leben durch Hypnose. Bei der Rauchentwöhnung durch Hypnose soll der

Raucher in einen schlafähnlichen Zustand (Trance) versetzt werden, der es dem Hypnotiseur möglich macht, das Unterbewusstsein, also zum Beispiel Erfahrungen und Erlebnisse, auszuwerten und zu nutzen. Da der Trancezustand der Hypnose nicht von allen Patienten völlig gleich gut erreicht werden kann, ist auch der Therapieerfolg von Proband zu Proband sehr stark schwankend und darüber hinaus ist die Erfolgschance abhängig von dem „Umfang" der Tabaksucht. Die aktuelle Einschätzung durch Studien, ob man effektiv rauchfrei durch Hypnose werden kann, ist äußerst widersprüchlich

ERFAHRUNGSBERICHTE VON RAUCHERN

Hier möchte ich ehemalige Raucher zu Wort kommen lassen, die es geschafft haben, zum Nichtraucher zu werden. Anhand der Beispiele kann man sehr gut nachvollziehen, wie es möglich ist, einen Punkt im Leben zu erreichen, an dem der Ausstieg vom Tabakkonsum tatsächlich funktioniert.

Vier verschiedene Erfahrungsberichte:

(6) 1. Mail von Claire " Es ist doch viel leichter, als ich anfangs dachte".

Claire berichtet, dass ihr viele ehemalige Raucher erzählten, sie hätten noch lange Zeit Situationen gehabt, wo sie unbedingt hätten eine rauchen wollen. Selbst in den Träumen kämen die Zigaretten und die Sucht vor. Das hatte sie beängstigt und sie stellte sich vor, ohne Zigaretten im Haus in der Nacht aufzuwachen und plötzlich von der Sucht übermannt zu werden. Doch das hat sich Gott sei Dank nicht bewahrheitet. Es lief bei ihr völlig anders. Die Zigaretten fehlten ihr nicht und sie genoss es, dass der ganze Gestank, der mit dem Rauchen einherging, bezüglich sowohl der Finger als auch der Kleidung, nicht mehr da war. Sie musste nicht mehr bei jedem Wetter vor die Tür und das gemütliche Beisammensein unterbrechen, um kurz mal eine zu rauchen. Mit ihrer Kollegin möchte sie auch nicht mehr tauschen, die, wenn sie wieder ins Büro kommt, wie ein kalter Aschenbecher riecht. Hätte sie sich so vorher selbst beobachten können, sie hätte schon Jahre vorher den Entzug gewagt.

Als Jugendliche, berichtet sie, hat sie mit dem Rauchen angefangen und dann ganze 42 Jahre lang geraucht. Eine App auf ihrem Smartphone, sagt sie, hätte sie 2014 im Sommerurlaub dazu gebracht, ihre Sucht zu beenden. Es fing mit kleinen Software-Programmen zum Gesundwerden an, bis sie auf eine Rauchfrei-App stieß. Diese arbeitete nicht mit Abschreckung, sondern mit vielen Tipps, die letztlich auf lockere Art einen motivieren sollten, auf die Zigaretten zu verzichten und mit der Aussicht tatsächlich zügig zum Nichtraucher zu werden. Gleich die ersten Ratschläge, das Rauchbedürfnis aufzuschieben und abzuwarten, gefielen ihr sehr und zeigten auch Wirkung. In Kanada hatte sie schon einmal ähnliche Tipps gelesen und diese waren witzigerweise auf kleine Kärtchen gedruckt, die beim Öffnen der Schachtel herausfielen. Die Idee fand sie sehr genial und viel wirksamer als die abschreckenden Fotos auf den Zigaretten-Packungen in Deutschland. Ihre Familie empfahl ihr, vielleicht ihren Urlaub in Spanien dazu zu nutzen, das Rauchen aufzugeben. Dort hatte sie nicht den beruflichen Stress und könne in entspannter und schöner Atmosphäre diesen schwierigen Schritt wagen. Sie sah das ähnlich, denn wenn sie in kleinsten Stress geriet, griff sie immer sofort zu einer Zigarette. Der erste Tipp war: "Du musst deine Gefühle lernen auszuhalten." Im ersten Moment war sie über diesen Spruch sehr aufgebracht und dachte: Das fängt ja gut an. Sie fühlte sich wie ein Heroinsüchtiger, der nicht mit sich klarkam und deshalb seinen Stoff brauchte. Danach kam eine Frage: "Kann die

Zigarette tatsächlich deinen Stress abbauen?" Das konnte sie eigentlich nicht bestätigen. Sie probierte es einfach aus und beobachtete sich selbst, wie bestimmte Gefühle in ihr hochkamen. Was sie aber irritierte, war, dass die App sie irgendwie durchschaute, wahrscheinlich musste sie von richtigen Therapeuten entwickelt worden sein. Bewegung und Entspannung wurde empfohlen, was sie dann ein wenig von der Theorie "des Aufhörens" ablenkte. Mein Mann und ich mieteten uns zwei Liegen am Strand und haben den ganzen Tag nur in der Sonne gelegen und gar nichts gemacht. Das war mal eine neue Erfahrung -nichts tun und einfach genießen. Dann liefen wir mal zu einer Seite an der Bucht entlang und später in die andere Richtung. Zwischendurch am Strand gelegen und auch mal was gelesen. Falls ein Schmachter kam, hatte ich immer eine Flasche Wasser dabei und trank einen Schluck. Ihr Mann hatte dann noch den Vorschlag gemacht, sich für die "Tortur" zu belohnen. Vielleicht eine teure Sonnencreme, ein Parfum. Schließlich sparte sie doch einiges am Tag ein, dadurch dass sie nicht mehr rauchte. Für sie war das ein besonderes Gefühl, einfach in ein teures Geschäft zu gehen, ohne darauf achten zu müssen, was die Creme kostet. Sie hatte es sich verdient. Die nächste Frage der App war: "Fühlen sie sich als Raucher oder als Nichtraucher?" Dies bewirkte bei Claire, dass sie sich jetzt wirklich als Nichtraucherin einstufte. Und dies widersprach ihren alten Vorstellungen, dass sie den Weg in die Abstinenz sowieso nicht schaffen würde. Sie war sicher: jetzt ist es tatsächlich möglich. Diese Frage führt den Raucher zu dem wichtigen Schritt, quasi eine neue Identität zu entwickeln. Langsam wurde sie immer sicherer, dass dies ein endgültiger Schritt war. Ihrem erwachsenen Kind, das in Deutschland geblieben war, konnte sie jetzt endlich berichten, dass sie nicht mehr rauchte. ¶Sie kann solche Apps oder ähnliche Ratgeber nur empfehlen und schrieb am Schluss: Mach es einfach. Hör auf. Du schaffst es, wenn Du es willst!

Kommentar: Mir erscheint diese Methode mit Hilfe einer App als etwas zu flach. Vielleicht für jemanden, der noch sehr jung ist und nicht viel geraucht hat, mag es möglich sein. Aber der Gedanke, ich kaufe mir von dem ersparten Geld eine teure Sonnencreme und das unterstützt mich, ein Nichtraucher zu bleiben, finde ich abwegig. Es gehört so viel dazu, das Rauchen aufzugeben. Sicherlich freut man sich später auch über die finanzielle Entlastung! Sie spielt aber dabei nur eine geringe Nebenrolle.

2. Mail von Alexander: "Einen neuen Weg einschlagen"

Alexander hat 50 Jahre geraucht und er wollte nicht so ein Schicksal wie sein Nachbar erleiden. Sein nächster von so vielen Versuchen, mit dem Rauchen aufzuhören, sollte endlich der letzte werden. Sein Nachbar starb einen langen, schweren Tod. Er war Raucher, wohnte nebenan und war etwa 10 Jahre älter. Die Anzeichen einer Veränderung seines Körpers hatte er damals Alexander erzählt und jetzt erkannte er ähnliche Symptome bei sich selbst. Kurzer Atem, Raucherhusten, schlechte Durchblutung usw., viele nennen es "Schaufensterkrankheit" und er war erschrocken.

Jetzt musste eine Entscheidung her, denn er war sicher, die Sucht würde ihn genau wie seinen Nachbarn umbringen. Vor dieser schlimmen Nachricht seines Todes hatte sich das ganze mehr in seinem Kopf und in seinen Gedanken abgespielt. Jetzt jedoch drang die Realität in diese ganze Problematik hinein. Ich sollte besser aufhören. Der erste Versuch endete nach 6 Monaten; immerhin hatte er eine gewisse Zeit ohne Zigaretten geschafft. Zu der Zeit hoffte er noch, wie seine Mutter, ein Genussraucher zu werden.

Ein paar Zigaretten im Monat, das könnte funktionieren. Doch es dauerte nicht lange und er war auf dem gleichen Level wie früher. Rauchen von morgens bis abends. Der 2. Versuch hielt dann nur noch für 1 Woche, bis er wiederum so viel rauchte wie eh und je. Jetzt ist er schon über 4 Wochen Nichtraucher und ist sich sicher, dass es keine Ausnahmen mehr für ihn gibt. Denn nach dem Kaffee oder einem geselligen Essen dachte er immer, er könne mal außer der Reihe eine einzige Zigarette rauchen. Genau diese Augenblicke waren es, die ihn letztlich wieder in die Sucht hineingeraten ließen. Seine Durchblutungsstörungen sollen im Sommer von einem Gefäßchirurgen gestoppt werden, wenn es klappt. Er macht mehr Sport und die Atmung ist schon fast so gut wie in ganz alten Zeiten. Er hängt am Leben und möchte jetzt noch nicht wegen den Zigaretten erkranken oder gar sterben.

Kommentar: Das klingt nach einer echten Erfahrung. Man hat vielleicht schon lange überlegt, wie man es schaffen könnte, aufzuhören, und ein zusätzlicher äußerer Anlass bewirkt, dass wir es tatsächlich schaffen, das Rauchen endlich aufzugeben.

3. Mail von Gabi: "Für mein Kind tue ich alles"

Ich sehe meinen Sohn und ich weiß: Ich kaufe keine Zigaretten mehr. Ich habe ein wundervolles Kind und ich werde es schaffen. Mein Sohn wurde im März 2019 geboren und zu der Zeit wollte ich keineswegs aufhören. So viele Probleme im Alltag ließen mich immer zur Zigarette greifen. Ich brauchte das und wusste nicht, wie es anders gehen soll.

Gerade wenn man Mutter wird, nehmen die Belastungen noch zu. Der psychische Stress und die neuen Anforderungen erhöhten den Druck. Schrie das Kind, ging ich auf die Terrasse und rauchte erst einmal eine Zigarette. Das half erst einmal. Doch das Ganze machte mich nachdenklich und ich wollte mir und dem Kind nicht schaden. Natürlich rauchte ich nicht im Haus, aber in der Kleidung usw. hing der Geruch des Qualms und ich dachte mir, dass das sicher auch nicht so toll für meinen Sohn wäre.

Ich entschloss mich dazu, Nichtraucher zu werden. Als die Zigaretten ausgingen und der Tabak ebenso, habe ich nichts Neues mehr gekauft. Wurde der Kleine jetzt unruhig und der Stress wurde mehr, dachte ich mir neue Methoden aus, um mich zu beruhigen. Frische Luft für ein paar Minuten oder einfach mal kurz ins Bett legen half mir dann, über solche Situationen hinwegzukommen. Wenn ich im Supermarkt bin und komme an der Kasse an den Zigaretten vorbei, schaue ich mir immer mein Kind an und weiß sofort: Ich werde nie wieder rauchen! Ich liebe meinen Sohn. Jetzt, wo ich schon länger Nichtraucherin bin, freue ich mich bereits auf das Alter, wo mein Sohn mit mir herumtollen und spielen will. Er hat dann eine Mutter, die alles mitmachen kann, ohne dass ihr gleich die Luft wegbleibt.

Kommentar: Gerade wenn Kinder mit in die Betrachtung des eigenen Lebens einbezogen werden oder man ist gerade Mutter und Vater geworden, erlebt man oft, dass die Eltern ungewöhnliche, tiefgreifende und sehr vernünftige Entscheidungen für ihr Leben treffen.

4. Mail von Peter "Ich bekomme eine zweite Chance"

Willst du Leben, dann höre auf zu rauchen. Läuft es noch ganz gut, dann ist das auch keine Garantie für eine längerfristige Gesundheit. Die Probleme werden irgendwann kommen. Peter ist fast 60 Jahre alt und wurde in den Niederlanden geboren. Er ist berufstätig und raucht schon 47 Jahre lang. Sein Vater starb durch die Nikotinsucht und seine Familie warnte ihn natürlich ständig davor, weiter zu rauchen. Seine Frau selbst war auch Raucherin. Vor einem Jahr änderte sich seine Situation schlagartig, als der Husten am Morgen viel stärker wurde, als er es kannte. Eine starke Grippe folgte und das beruhigte ihn dann eher, da er alle Symptome dann auf die Krankheit schob. Eine seiner Leisten schwoll dann an und er vermutete einen Leistenbruch. Er hatte sowas schon mal erlebt und dachte an eine Operation, nach der dann alles wieder gut war. Im Internet machte er sich schon mal schlau und las dort, dass es sich auch um einen angeschwollenen Lymphknoten handeln könnte. Das sei ein spezielles Anzeichen für Krebs. Er erschrak heftig. Dann kam wieder Atemnot dazu und der Husten. Er holte sich einen Termin beim Arzt und rauchte aber dennoch weiter. Wenn alles zu spät ist, ist es jetzt auch egal, dachte er. Dann habe ich eben Lungenkrebs.

Sein Hausarzt, der ihn schon seit seiner Jugend kennt, war nicht so erfreut darüber, dass er erst jetzt vorbeikam. Diagnose: Leistenbruch. Peter viel ein Stein vom Herzen, doch sein Jugendfreund war von seiner sonstigen körperlichen Verfassung ein bisschen besorgt. "Trenn dich von deiner Zigarettensucht, dann wird vieles besser. Ich sage dir das nun schon lange, lange Jahre". Wird gemacht, scherzte ich, meinte es aber sehr ernst und er hat es mir sicherlich überhaupt nicht geglaubt. In meiner Familie gab es Zeiten, wo mich alle dazu drängten, wieder mit dem Rauchen anzufangen. Der Grund war, dass ich in den kurzen Phasen der Abstinenz absolut unausstehlich wurde. Daher dachte ich immer, dass ich das nie schaffen werde.

Nach der nächsten umfangreichen ärztlichen Untersuchung wurde ich langsam nervös. Ich hatte jetzt wirklich kein Verlangen mehr zu rauchen. Ich bekam Angst und das half mir fürs Erste, ein paar Tage ohne Zigaretten auszuhalten. Gleich am Montag sollte ich die Ergebnisse der Untersuchung erfahren. Der Arzt fragte mich: "Und, wie viele hast du in den letzten Tagen geraucht?" "Keine", war meine Antwort. Sehr schön, sagte er und hatte ansonsten gute Nachrichten. Kein Lungenkrebs aber evtl. eine starke Belastung der Lunge, was nochmal untersucht werden muss. Doch auch diese Diagnose hielt Gott sei Dank nicht. Die Lunge war OK. Trotzdem sollte ich mir einen Termin beim Kardiologen holen, um das Ganze nochmal abzuchecken. Dann kam die Leisten-OP und alles ging gut. Meine Frau hörte an diesem Tag auch auf zu rauchen.

8 Wochen bin ich jetzt ohne Zigaretten klargekommen und gehe trotzdem abends in die Bar, um ein Bier zu trinken. Ob andere rauchen oder nicht, interessiert mich nicht mehr. Ich habe sogar immer noch eine Packung im Haus herumliegen, aber rühre sie niemals an.

Wahrscheinlich werde ich sie demnächst wegschmeißen, denn es interessiert mich nicht mehr. Meine Atmung wird immer besser, ich habe kaum mehr Husten und die Gerüche und Geschmäcker verändern sich zunehmend ins Positive bzw. werden intensiver. "Hört auf zu rauchen, wenn ihr am Leben hängt.", ist sein Schlusssatz!

Kommentar: Solche Berichte sind sehr lehrreich und aus dem wirklichen Leben gegriffen. Es ist schön zu sehen, wie einige im richtigen Moment die Reißleine ziehen.

Um alle Facetten der Suchtproblematik von Rauchern zu erfassen, ist es ratsam, diejenigen zu fragen, bei denen all diese Probleme gebündelt und vollständig auflaufen. Neben den Suchttherapeuten sind dies oft auch die Ärzte. In Österreich gibt es dafür eine Internetseite, die von vielen Ärzten in Zusammenarbeit gegründet wurde und alle auftretenden Fragen anhand von Leserzuschriften zum Rauchen beantworten. Die Fragen wurden sowohl von Rauchern als auch von Nichtrauchern gestellt. Das gesammelte Wissen aus der Praxisarbeit ist hier offengelegt. Schon durch die Fragestellungen der Betroffenen wird deutlich, welche Komplikationen auftreten und wie die Erfahrungen von Rauchern und ehemaligen Rauchern aussehen. Hier finden wir „geballtes" Wissen, das wir nutzen können.

(7) Initiative Ärzte stemmen sich gegen Raucher-schäden (Österreich):

ANTWORTEN AUF FRAGEN VON RAUCHERN, DIE IHREN TABAK-KONSUM REDUZIEREN ODER AUFHÖREN MÖCHTEN:

Frage 1: "Wer kann mir helfen, von der Zigarette loszukommen?"

In Österreich sagen über 3/4 der Befragten, dass die eigene Willenskraft letztlich das Ausschlaggebende ist. Helfen kann der Arzt, Online-Kurse, der Lungenfacharzt oder die Ambulanz eines Krankenhauses. Es gibt Raucher-Camps, Seminare, Bücher oder Beratungen bei ihrer Sozialversicherung. Starke Raucher können auch noch weitere Hilfsmittel nutzen, wie Nikotinpflaster oder Intensiv-Kurse für Raucher. Was nicht empfohlen wird, sind E-Zigaretten. Ganz gegen die gängige Meinung, sind sie nicht dazu geeignet, zum Nichtraucher zu werden. Es gab schon Untersuchungen in Italien, die zeigten, dass die Entwöhnungsversuche von Rauchern, die die E-Zigaretten einsetzten, fast zu 100 % ohne Erfolg waren. Zudem ist es sogar gefährlich, wenn man dann zusätzlich wieder Zigaretten raucht. Das soll das Herzinfarkt-Risiko am Ende noch verdoppeln!

Kommentar: Sehr wichtige Erfahrung hier, dass E-Zigaretten zum Ersten sich überhaupt nicht zur Entwöhnung eignen, und zum Zweiten von diesen auch selbst große Gefahren ausgehen könnten. Vieles ist ja noch gar nicht ausreichend untersucht worden.

Frage 2: „Ich habe schon oft versucht, mit dem Rauchen aufzuhören, aber es geht nicht."

Einen Raucher, der nicht mit dem Rauchen aufhören kann, gibt es nicht. Meistens haben die Raucher auch gar nicht mehr den ursprünglichen Genuss wie am Anfang. Lesen sie in Büchern oder im Internet, was Sucht-Therapeuten zu diesem Thema sagen. Versuche, einfach weniger zu rauchen, misslingen meistens. Gruppensitzungen bzw. die Selbsthilfegruppen erzielen sehr gute Erfolge. Eine irische Studie hat unlängst gezeigt, dass solche Initiativen tatsächlich den Rauchern helfen. Weitere randomisierte Studien sollen stattfinden.

Kommentar: Hier auch tatsächlich die Erfahrung, dass Selbsthilfegruppen sehr erfolgreich sind. Ansonsten liest man eher Negatives über diese Therapieform bzw. wird sie stark unterbewertet, obwohl sie meines Ermessens die besten Chancen für den Rauchstopp bietet. Das liegt sicher auch daran, dass die Selbsthilfe auch für Ärzte immer noch ein „unbeschriebenes Blatt" ist, mit der sie nicht viel anfangen können. Um eine Selbsthilfegruppe zu verstehen, muss man tatsächlich einmal an solchen Sitzungen teilnehmen.

Frage 3: „Ist es für ältere Menschen überhaupt noch sinnvoll, mit dem Rauchen aufzuhören?"

Die Lebenserwartung steigt bei der Abstinenz in jedem Alter! Sie sollten sofort aufhören, egal, wie alt sie sind. Die Widerstandskraft des Körpers wird erhöht und falls sie schon bestimmte Symptome haben, die von einem Ungleichgewicht ihres Körperzustandes zeugen, so werden diese Symptome abnehmen. Zum Beispiel soll die Steifigkeit von Arterien schon im ersten Jahr der Abstinenz zurückgehen. Nach mehreren Jahren ohne Zigaretten ist das Risiko eines Herzinfarkts fast auf dem normalen Level, also entspricht beinahe dem eines Nichtrauchers. Das Risiko von Lungenkrebs sinkt drastisch und auch die

Krankheitsanfälligkeit. Des Weiteren gilt für Schlagan- fälle, Brustkrebs, Blasenkrebs und Altersschwäche, dass diese Leiden selbst bei 60-Jährigen, die das Rauchen auf- geben, sichtbar zurückgedrängt werden. Ebenso natür- lich auch der vorher erwähnte Lungenkrebs oder der Herzinfarkt. Die Erfolge in dieser Altersgruppe sind viel größer, als viele vermuten. Wer Krebs bereits hat, braucht den Arzt und eine Selbsthilfegruppe. Die Krebs- therapie hat natürlich einen besseren Erfolg, wenn sie so- fort mit der Nikotinsucht aufhören. Eine Umfrage in Eu- ropa soll herausgefunden haben, dass Menschen mit ge- ringem Bildungsgrad in allen EU-Ländern im Alter von 50 Jahren und mehr besonders dann zu Nichtrauchern wurden, wenn folgende zwei Maßnahmen der Staaten er- folgten: hohe Tabaksteuern und gesetzlicher Nichtrau- cherschutz.

Kommentar: Es ist doch schön zu hören, dass es auch im hohen Alter noch Sinn macht, mit dem Rauchen aufzuhören. Also eine Aufforderung an jeden Nikotin- süchtigen, niemals aufzugeben! Auch nach Jahrzehn- ten kann es noch gelingen. Und der Körper wird es ei- nem sofort danken.

Frage 4: "Meinem Freund fiel es leicht, aufzuhören. Wieso fällt es mir so schwer?"

Wahrscheinlich hat ihr Freund nicht so viel geraucht und vielleicht auch nicht über einen so langen Zeitraum. Es gibt außerdem eine Veranlagung zur Nikotinsucht, weshalb viele Menschen nicht so stark davon abhängig werden bzw. überhaupt nicht. Manche bereiten sich auch viel besser auf die Abstinenz vor, sie haben auch oft bestimmte Lebensumstände, die sie recht schnell zu einem Aufhören bewegen. Wer professionelle Hilfe hat, schafft es auch recht schnell, wenn er will. Manchmal kann auch die Umgebung den Ausstieg erschweren, wie Freunde, Arbeitskollegen, Familie bzw. der Partner in der Beziehung.

Frage 5: "Reicht es nicht aus, einfach weniger zu rauchen?"

Das reicht nicht, denn Gelegenheitsraucher gehen ebenfalls ein hohes Gesundheitsrisiko ein. Die koronare Herzerkrankung oder ein Schlaganfall drohen schon bei einem Konsum von wenigen Zigaretten am Tag. Raucht man über 20 Zigaretten am Tag, ist die Gefahr zwar um das Doppelte erhöht, jedoch ist das weit weniger, als man vermutete. Vielleicht liegt es auch daran, dass der "Wenig-Raucher" tiefer inhaliert und damit relativ mehr an

Schadstoffen in seinen Körper befördert. Der Nichtraucher schneidet dabei immer noch weit besser ab. Aufhören ist also der einzig positive Weg. Selbst "leichte Zigaretten" oder der Filter nützen nichts, sondern können in manchen Fällen sogar noch schädlicher sein. Bei weiblichen Rauchern scheint das Herzinfarktrisiko besonders hoch zu sein. Eine Studie an über 10.000 Frauen zeigte dieses Ergebnis. Dabei stellte man bei den Männern erstaunlicherweise fest, dass selbst intensivere sportliche Betätigung den Herzinfarkt bei den Rauchern nicht sonderlich vermindert.

Lutschtabak oder E-Zigaretten sind auch keine Alternative. Die Zellen der Bronchien reagieren auf beide Arten des Rauches, sowohl der Zigarette als auch der E-Zigarette, empfindlich. Der Feinstaubanteil ist bei den Zigaretten sehr hoch, die Ultrafeinstaubpartikel allerdings sind bei den E-Zigaretten höher. Bei Ersteren hat man zusätzlich die Teerstoffe, bei Zweiteren dann aber Karbonyle und Formaldehyd-Acrolein.

Die E-Zigaretten können den Raucher nicht von seiner Gewohnheit abbringen. Übergangsweise hört er zwar auf zu rauchen, aber erfahrungsgemäß kehren fast alle Nutzer der E-Zigaretten zu ihrer alten "Alltagsdroge" zurück. Dann macht man die Beobachtung, dass die gescheiterten Versuche, mit der E-Zigarette zu entwöhnen, *sogar dazu führt, jetzt beide Zigarettenarten zu benutzen. Dies soll allerdings besonders ungesund sein. Zu erwähnen ist noch, dass leichte Zigaretten in manchen Fällen hilfreich sein können, allerdings nur für eine bestimmte Übergangszeit. Für die Raucher, denen es besonders schwer fällt aufzuhören, oft weil es starke Raucher waren, können leichte Zigaretten in den ersten Wochen das starke Verlangen nach Nikotin Stück für Stück abbauen.*

Kommentar: Klar sollte das „weniger Rauchen" nur eine Übergangsfrist darstellen und nicht das letztendliche Ziel. Für viele ist es sehr hilfreich, sich erst einmal langsam an das Ziel heranzutasten. Der Druck wird meist erst Stück für Stück aufgebaut; und er wird benötigt, um die „Hürde" zu überspringen.

Frage 6: "Beim ersten Versuch, das ist doch bekannt, wird jeder wieder rückfällig."
Die Vorbereitung ist alles. Bestimmte Regeln, die man sich selbst auferlegt und unbedingt einhalten muss, helfen am Anfang sehr gut, das Ziel zu erreichen. Als Beispiel kann man das gleichzeitige Kaffeetrinken und Rauchen trennen. Als Nächstes auferlegt man sich die Regel, immer nur im Freien zu rauchen. Man erschwert sich den

schnellen Griff zur Zigarette bzw. man verändert bestimmte Lebensgewohnheiten. Falls man dann schon bereit ist, ganz mit dem Rauchen aufzuhören, fällt einem das insgesamt leichter. Der Wille spielt dabei eine ausgesprochen wichtige Rolle. Es gibt viele Fälle von Verwandlungen zum Nichtraucher bei den Menschen, die einen starken Willen haben. Die meisten Menschen sprechen offenbar besonders auf die Methode des abrupten Entzugs an. Der Versuch, der Sucht dadurch beizukommen, dass man immer weniger raucht, eignet sich wohl nur für eine Minderheit. Das Ritual des Rauchens kann durch E-Zigaretten nicht zerstört werden, was diese Methode von vornherein als ungeeignet erscheinen lässt. Die jahrelange Konditionierung zu durchbrechen, ist bei den Rauchern besonders wichtig.

Kommentar: Wer es schafft, auf einen Schlag aufzuhören, kann sich glücklich schätzen. Ich glaube auf jeden Fall, dass dies sehr gut möglich ist. Oft kommt dann noch der zufällige Anstoß von außen dazu, ein Erlebnis, ein Gespräch, eine besondere Begegnung.

Frage 7: "Was ist an meiner Abhängigkeit schuld? Die Gewohnheit, das Nikotin oder die Zusatzstoffe?"

Es gibt sogenannte Alpha4-betta2 -N(Nikotin)-Rezeptoren im Gehirn, an die das Nikotin andockt und in "Beschlag" nimmt. Daher ist also das Nikotin am meisten für die Sucht verantwortlich. Viele Tabakkonzerne haben sich diese Information zunutze gemacht, und ohne dass die Öffentlichkeit dies erfahren konnte, den Nikotingehalt der Zigaretten erhöht. Damit wurde etwa um die Jahrtausendwende die Abhängigkeit, die die Zigaretten verursachen, noch größer. Diese Erhöhung lässt sich sehr einfach bewerkstelligen, indem man die Pflanzen mit höheren Düngegaben versorgt. Außerdem enthält der Tabak zahlreiche Zusatzstoffe, die auch das Suchtpotential der Zigaretten erhöhen können. Zucker zum Beispiel ist solch ein Stoff.

Die Giftigkeit soll dadurch sogar noch zunehmen. Besonders auf die negativen Nuancen im Geschmack und auf das Kratzen im Hals hat es die Zigarettenindustrie abgesehen. Können diese Faktoren eingeschränkt werden, sind noch mehr "Kunden" bereit, zur Zigarette zu greifen, selbst Jugendliche, weil die Negativauswirkungen überdeckt bzw. verhindert werden.

Der Hustenreflex ist eben auch solch eine Auswirkung des Rauchens, den man mit Hilfe von Zusatzstoffen unterbinden kann. Aromen sind auch wichtige Zusatzstoffe, die den Geschmack verändern, aber auch die

Aufnahme des Nikotins beeinflussen. Auch solche Informationen können Raucher dazu bewegen, abstinent zu leben, wenn sie merken, dass sie sehr stark manipuliert werden und ihre wichtige Gesundheit den Unternehmen scheinbar egal zu sein scheint. Im Gegenteil: Sie machen es jedem Einzelnen auch noch schwerer, je von der Sucht wieder ablassen zu können. In den USA sind bereits Pläne in der Schublade, die Menge an Nikotin in den Zigaretten gesetzlich zu begrenzen. Einige Studien scheinen zu zeigen, dass diese Begrenzung sehr positive Auswirkungen auf das Rauchverhalten der Bevölkerung haben würde.

Kommentar: Interessant ist, dass Zusatzstoffe tatsächlich die Suchtwirkung des Nikotins verstärken. Letztlich der Zigarette die Schuld an der Sucht zu geben, ist natürlich bequem und unrealistisch. Eine Sucht hat eben auch einen Grund.

Frage 8: "Ist nicht das Übergewicht die viel größere Gefahr als das Rauchen?"

Dem ist nicht so! In der Statistik liegt die Übergewichtigkeit als Risikofaktor an dritter Stelle. Das Rauchen ist mit Abstand die Nummer eins. Auch bei der Gewichtszunahme, die oft beim Rauchstopp als Negativ-Folge eintritt, ist man lange nicht mehr so gefährdet wie zur Zeit der Zigarettensucht. Man nimmt an, dass erst nach einem Übergewicht von mehr als 40 kg der Positiveffekt des Nichtrauchens egalisiert wäre. Es wird immer empfohlen, zuerst mit dem Rauchen aufzuhören und sich dann dem Thema Gewicht zuzuwenden. (Speziell für Menschen, die neben dem Rauchen auch noch das Problem mit ihrem Gewicht haben.) Hat man nämlich aufgehört zu rauchen, produziert der Körper mehr Leptin, welches eigentlich den Appetit zügelt. Das Abnehmen fällt leichter, allerdings fehlt einem natürlich das Nikotin und deshalb wird als "Drogenersatz" zu Süßigkeiten gegriffen usw. ¶

Kommentar: Rauchen ist also wirklich schädlicher, als wenn man übergewichtig ist, zumindest wenn sich das Gewicht noch in einem bestimmten Rahmen bewegt. Sowieso beurteilen Ärzte das Idealgewicht heutzutage schon anders als in früheren Zeiten. 5 – 15 Kilo mehr an Gewicht, als es für den Idealfall errechnet wird, soll ja nicht als ungesund gelten.

Frage 9: "Wie soll ich mich ohne Zigaretten konzentrieren? Und wie soll ich eventuelle Stresssituationen bewältigen?

Meist sind es gerade die Entzugserscheinungen, die einen glauben lassen, dass man sich nicht konzentrieren kann. Wenn ich also eine Zigarette rauche, dann nur deshalb, um die sich negativ auswirkenden Entzugserscheinungen zu bekämpfen. Die Leistungsfähigkeit steigt sofort nach der Inhalation des Nikotins. Diese ganzen Vorgänge sollen aber nur kurzfristiger Natur sein; in der Langzeitbeobachtung sieht man eher Aufmerksamkeitsstörungen und einen gewissen geistigen Abbau.

Kommentar: Denken kann ich sicherlich auch ohne Zigaretten. Nikotin hilft mir sicherlich auch nicht direkt bei der Konzentration. Natürlich geht es auch um das eigene Wohlbefinden und wenn diese scheinbar gestört ist, fällt uns vieles sehr viel schwerer. Auch hier wieder der Einfluss der Psyche/Seele auf unser ganzes Leben. Eine Anstrengung ist nötig, um unser Befinden auf andere Weise zu stimulieren.

Hierbei spielen zwei verschiedene Stoffe eine wichtige

Rolle: Dopamin und Serotonin. Ersteres wird nach dem Rauchen einer Zigarette freigesetzt und führt tatsächlich zu einer kurzen Erleichterung. Doch das Serotonin verringert sich durch das Nikotin. Der Mangel an diesem Stoff führt zu einer größeren Stressempfindlichkeit. Auch das Passivrauchen kann schon dazu führen, dass man Stress schlechter verarbeiten kann. Dies ist übrigens auch der häufig genannte Grund, warum ehemalige Raucher vollgequalmte Räume meiden sollten. Natürlich auch, um nicht in alte Verhaltensweisen zurückzufallen.

Kommentar: Hier wird auch die erstaunliche Wirkung einer Tagesstruktur angesprochen. Gerade im Berufsalltag ist es oft leichter, mit dem Rauchen aufzuhören, als wenn wir zu Hause sind und immer die Möglichkeit haben, das zu tun, was uns gerade gefällt. Auch im Therapiebereich (Alkoholsucht, Spielsucht) wird sehr großer Wert auf eine Struktur im Tagesablauf gelegt. Die Struktur ist wie ein Halteseil, das uns durch den Tag begleitet. Das hat den Geschmack von Professionalität. Ordnung und Planung helfen dem Süchtigen, nicht von seinem Weg abzukommen.

Frage 10: "Ohne Zigaretten zu rauchen bekomme ich schlechte Laune und werde unausstehlich.

Was soll ich tun?"

Das sind nur vorübergehende Stimmungs-Tiefs. Die Ge-
fahr, eine Depression zu bekommen, soll beim Weiterrau-
chen viel höher sein, sagen die Ärzte. Dabei spielt das Ge-
schlecht scheinbar keine Rolle. Man nimmt an, dass hier
der Stoff Serotonin eine wichtige Rolle spielt. Und das Ni-
kotin beeinflusst den Serotoninhaushalt im Körper.
Letztlich weiß man, dass bei depressiven Menschen der
Serotoninspiegel deutlich niedriger ist.

Kommentar: Für mich steht hier ein großes Fragezei-
chen. Sicherlich will man den Rauchern helfen, abstinent leben zu können. Auch will man ihnen möglichst
viele Anreize geben, die für das Leben ohne Nikotin
sprechen. Doch in vielen Untersuchungen hat man
herausgefunden, dass gerade Menschen mit Depressionen und Psychosen, die bereits in einer Therapie eingebunden sind, sehr viel rauchen. Das ist natürlich für
den Körper schädlich, aber die Patienten scheinen
diese Alltagsdroge zu benötigen, um die vorerst wich-
tigere Erkrankung der Psyche zu überwinden. Auch
wird dieses Verhalten durch Ärzte und Therapeuten
gebilligt, da es die Patienten in ihrer Stimmung aufhellt. Ist diese Erkrankung geheilt, muss der Patient natürlich auch die Nikotinsucht angehen.

Frage 11: "Sind E-Zigaretten geeignet, mir beim Aufhören zu helfen?"

Diese E-Zigaretten sind noch nicht ausreichend von der Wissenschaft getestet worden. Schon deshalb ist es wenig ratsam, mit diesen Produkten eine Entwöhnung anzugehen. Zudem enthalten diese neuen Produkte andere Schadstoffe, die evtl. nicht minder gefährlich sind. Manche enthalten auch das klassische Nikotin in verschieden hohen Dosen. Atemwege, Lunge, Herz und Arterien werden durch die E-Zigaretten negativ beeinflusst. Es gibt sogar Verbote in einigen Ländern, wie zum Beispiel in Australien. Die Verwendung von Zigaretten und E-Zigaretten gleichzeitig soll auf jeden Fall eine sehr hohe Gefahr ausgehen. Schlaganfälle und Herzinfarkte stellen sich noch schneller ein. Die Aromen und der Stoff Propylenglykol sollen Aldehyde bilden. Dies geschieht bei der Erhitzung in den E-Zigaretten. In Amerika haben einige Statistiken gezeigt, dass es Nutzer der E-Zigaretten schwer haben, von dieser Art der Sucht abzulassen.

Kommentar: Sehr wichtig für Raucher zu wissen, dass die E-Zigarette keine ernsthafte Alternative zum Rauchen ist, und dass die Kombination mit Zigaretten (ich rauche mal ein wenig dies, ich rauche mal ein wenig das) noch schädlicher sein kann als die Zigarettensucht allein. Anfangs war das auch ein großes Problem in den Schulen, da schon minderjährige E-Zigaretten rauchten und die Lehrer und Eltern nicht wussten, ob hier Nikotin im Spiel ist. Dazu kommt, dass das Rauchen dieser Substanzen höchstwahrscheinlich genauso schädlich für Lunge und Herz ist wie das Rauchen von Zigaretten. Der angenehme Duft/Dampf implizierte, dass es sich um ein harmloses Gerät handelt.

Frage 12: "Ich rauche nur im geselligen Rahmen, vielleicht 1- 4 Zigaretten am Tag. Wie sieht es da mit den Gefahren aus?"

Herzkrankheiten und Lungenkrebs lauern dennoch erheblich im Hintergrund, denn die Gefahr für sie, an diesen Leiden zu erkranken, ist noch dreimal so hoch wie bei einem Nichtraucher. Auch die Lunge leidet in ihrer Fähigkeit der Atmung. Davor ist jeder ehemalige Raucher besser geschützt als sie. Die Erbsubstanz wird geschädigt. Die "Chance", an Blasenkrebs zu erkranken, ist doppelt so hoch wie normalerweise. Dies betrifft auch den

Pankreaskrebs. Immer wieder liest man, dass die Arterien versteifen und dabei das ganze Herz-Kreislauf-System belasten. Dieses wird bei ihnen auch der Fall sein, auch wenn die Auswirkungen erst Jahre später als bei einem starken Raucher erkennbar werden. In diesem Bereich ist ihr Risiko gegenüber einem normalen Raucher nur halbiert. ¶

Kommentar: Der geringere Zigarettenkonsum wird den Körper natürlich letztendlich auch stark schädigen. Fast wichtiger noch ist, dass ein „leichter Raucher" schleichend oder auch sehr schnell zu einem starken Raucher werden kann. Somit ist er genauso gefährdet wie ein durchschnittlicher Raucher.

Frage 13: „Ich rauche nur sehr wenig, wenn sich die Gelegenheit bietet. Etwa nur eine Zigarette am Tag. Muss ich auch da mit einer schädlichen Wirkung rechnen?"

Das Risiko einer Herzkreislauferkrankung ist immer dann gegeben, wenn jemand raucht, egal, wie viele Zigaretten am Tag es sind. Eine Prospektivstudie wurde im großen Rahmen durchgeführt und hatte genau dieses Ergebnis letztlich geliefert. Der Nichtraucher hat im Gegensatz zu ihnen ein viel geringeres Risiko, an

Lungenkrebs zu erkranken als sie. Auch wenn sie nur wenige Zigaretten über Jahre geraucht haben, erreichen sie die positiven Werte des Nichtrauchers erst nach sehr langer Zeit. Eine Abstinenz ist auch bei ihnen vonnöten und verbessert ihre Gesundheit im Vergleich zu den Weiter-Rauchenden immens. Weitere Risikobereiche finden wir dann noch bei der Mundschleimhaut, Harnblase und dem Gebärmutterhals. Hier erhöht sich das Risiko von Krebsbildung. ¶¶Kommentar: Ich halte solche Fälle für sehr kurios und schon fast als unglaubwürdig. Es macht ja dann auch keinen Sinn mehr überhaupt noch zu rauchen, da man ja eigentlich sowieso gar nicht raucht? Ich denke, dass in diesem Fall das Aufhören auch nicht so schwer sein kann.

Frage 14: „Wann beginnt eigentlich die „Wohlfühlphase" nach dem gelungenen Aufhören?"

Viele positive Vorgänge werden schon nach Stunden und Tagen eingeleitet. Dies bedeutet vielleicht nicht, dass sie sich gleich wohler fühlen, aber der Körper erholt sich schon mal ziemlich schnell. Zumindest fängt in der Zusammensetzung des Blutes schon nach 8 Stunden eine Veränderung an. Der Gehalt an Sauerstoff und Kohlenmonoxid normalisiert sich. Nach 2 Tagen verändert sich ihre Wahrnehmung beim Riechen und Schmecken

(Nervenendigungen wachsen wieder). Auf einmal nehmen sie bei sich selbst und in der Umgebung Gerüche wahr, die sie vorher nie bemerkt haben. Das Essen wird plötzlich intensiver im Geschmack empfunden. Das sind immerhin schon Dinge, die sich auch positiv auf das Gemüt auswirken können. Aber das fehlende Nikotin wird ihnen natürlich zu schaffen machen. Öfter etwas trinken und Sport können da manchmal schon etwas helfen. Nach Wochen und Monaten wird langsam die Lunge entlastet und gereinigt. Der Schleim wird dann vermehrt ausgehustet. In der gleichen Zeit verbessert sich die Durchblutung, das Blut zirkuliert leichter als vorher. Die Flimmerhärchen in den Bronchien wachsen (nach etwa 1 Monat bis zu 9 Monaten) wieder nach. Die Wahrscheinlichkeit, an Lungenkrebs zu erkranken, halbiert sich nach 5 Jahren erfolgreichen Entzugs. Die Wahrscheinlichkeit, einen Schlafanfall zu erleiden, ist nach dieser Zeit schon fast genauso niedrig wie bei einem Nichtraucher.

Kommentar: Genau das sind die Erfolge, die sehr erfreulich sind. Der Körper dankt es einem sofort und zu sehen, wie die Gesundheit langsam wieder hergestellt wird, ist einfach schön. Das sollte man natürlich jeden Tag im Gedächtnis behalten, denn wie schnell vergisst man, was es bedeutet, wenn man ernsthafte Folgen des Rauchens erleiden müsste.

Frage 15: „Ist der Tabak gefährlicher oder tatsächlich die Zusatzstoffe?"

Beides ist gefährlich. Bei der Verbrennung entstehen zahlreiche atembare Gifte und Karzinogene. Das Nikotin heftet sich an die Rauchpartikel und wird dann direkt in die Lunge transportiert. Das Blut nimmt das Nikotin auf. Gefährlich wird es dann tatsächlich, wenn andere Stoffe noch dazu kommen. Additive (alkalisierende Stoffe, Lävulinsäure und Geschmacksstoffe) und Nikotin zusammen bilden dann den „giftigen Cocktail". Einige der Stoffe dienen auch dazu, den eingeatmeten Rauch der Zigaretten als nicht so unangenehm zu empfinden und den Hustenreiz zu unterdrücken. Süßstoffe sind hier immer wieder zu nennen. Sie bilden zusätzlich auch noch gefährliche Karzinogene. Zur Betäubung der Schleimhaut und einer kühlenden Wirkung setzt man den Zigaretten Menthol zu. Eine selbst starke Inhalation wird nicht mehr als reizend und unangenehm empfunden. Versuchstiere sollten eigentlich genutzt werden, um die Schädlichkeit dieser Additive zu untersuchen. Doch die Industrie hat viel zu wenige Studien in dieser Richtung eingeleitet. Verschwiegen wurde zudem, dass die

*Toxizität letztlich sogar zuna*hm, was ebenso die Feinstaubbelastung betraf.

Sehr interessante Betrachtung der Zigaretten bezüglich der weiteren Inhaltsstoffe. Wenn man außerdem bedenkt, dass die Tabakbauern sicherlich auch viele Spritzmittel einsetzen und auch bei der Verarbeitung vielleicht Chemikalien verwenden, dann würde es uns nützen zu sehen, welche weiteren Gifte noch im Spiel sein könnten.

4-Wochen-Plan der Abgewöhnung

Hat man vielleicht den Zigarettenkonsum schon ein wenig reduziert, oder auch nicht, könnte man versuchen, über einen 4-Wochen-Plan zum Nichtraucher zu werden. Man kann das ganze natürlich ebenso verkürzen oder verlängern, wichtig ist nur, dass man sich an das vorgegebene Ziel hält. Hier also ein statischer Plan, mit dem Rauchen Stück für Stück aufzuhören. (Gleichzeitig unbedingt eine sie erfüllende neue Tätigkeit in der Freizeit suchen.):

1. Woche:

1.1 Limit 17 Zigaretten pro Tag

1.2. Alle 2 Tage ein wenig joggen. Wie nach einer Zigarette folgt eine Endorphinausschüttung und bewirkt ein Glücksgefühl. Vielleicht sogar bei einem Sportverein für Mannschaftssport o. ä. anmelden.

1.3. Beobachten, wie der Körper auf den leichten Nikotinverzicht reagiert.

1.4. Jeden Abend aufschreiben, wie viel Zigaretten man geraucht hat.

2. Woche:

2.1. Limit 12 Zigaretten pro Tag

2.2. Rauchen und Kaffeetrinken und ähnliche Konstellationen trennen. Das Kaffeetrinken z. B. soll allein ein Genuss sein, ohne dabei zu rauchen.

2.3. Nicht sofort nach jedem Essen rauchen, sondern immer eine ¼ Stunde verstreichen lassen.

2.4. Nicht in der Wohnung/Haus rauchen, um den Griff zur Zigarette zu erschweren.

2.5. Auch auf der Arbeit nur im Freien rauchen. Nicht im Auto rauchen.

2.6. Beobachten sie ihren Körper, wie er jetzt schon positiv reagiert. Die Atmung verbessert sich (Treppensteigen etc.) und auch die Durchblutung (Füße sind nicht so kalt und fühlen sich wohliger an).

2.7. Jeden Abend aufschreiben, wie viel Zigaretten man geraucht hat.

3. Woche:

3.1. Limit 7 Zigaretten pro Tag

3.2. Nikotinpflaster oder sonstige Nikotinersatzmittel als Hilfe einsetzen

3.3. Wahlweise morgens oder abends (je nach individueller Vorliebe) gar nicht rauchen.

3.4. Jede Zigarette wirkt jetzt besonders stark und man hat das Gefühl, der ganze Körper schüttet Glückshormone aus. Man kann das ruhig in vollen Zügen genießen. Schließlich hat man seinen Zigarettenkonsum schon erheblich eingeschränkt.

3.5. In den entstehenden Pausen, die man früher ja als Raucherpause erschaffen hat, sollte man versuchen, immer ein wenig Wasser zu trinken.

3.6. Jeden Tag ein bisschen joggen, wenn auch nur für 10 Minuten.

3.7. Jeden Abend aufschreiben, wie viel Zigaretten man geraucht hat.

4. Woche:

4.1. Limit 7 Zigaretten am 1. Tag, 6 Zigaretten am 2. Tag, 5 Zigaretten am 3. Tag usw.

4.2. Wer kann, sollte auch schon während dieser Woche ganz aufhören. Vielen fällt es jetzt leichter, das Rauchen ganz aufzugeben, ohne sich unnötig zu quälen.

4.3. Nikotinpflaster oder sonstige Nikotinersatzmittel als Hilfe einsetzen.

4.4. Jede Zigarette wirkt jetzt wie ein echter „Joint" und man hängt bald wie ein Verdurstender in der Wüste an jedem einzelnen Zug. In dieser Phase wird einem wirklich auf komisch-tragische Art bewusst, wie albern wir an dem Glimmstängel hängen. Genauso gut kann man jetzt ganz damit aufhören, denn wir werden auch ohne Zigarette glücklich leben können. Und wir werden auch überleben. Oder nicht?

4.5. Jetzt zeigt der Körper seine Dankbarkeit dafür, dass sie kaum noch rauchen. Die Durchblutung ist viel besser. Man hustet zwar mehr, was aber an der Reaktivierung der Flimmerhärchen in der Luftröhre liegt. Der Geruchssinn verstärkt sich (man riecht plötzlich Dinge, die man jahrelang überhaupt nicht wahrgenommen hat) und die Atmung wird „leichter".

4.6. Jeden Tag 10 Minuten joggen.

4.7. Jeden Abend aufschreiben, wie viel Zigaretten man geraucht hat.

Im besten Fall ist man jetzt Nichtraucher! Viele werden natürlich Rückfälle erleben und dann heißt es, von vorne anzufangen bzw. in der Woche wieder einzusteigen, auf deren Niveau man zurückgefallen ist. Niemals aufgeben! Und wenn es Jahre dauert..........

Ich rauche 20 Zigaretten am Tag = Start Woche 1

Ich rauche 16 Zigaretten am Tag = Start Woche 2

Ich rauche nur noch 7 Zigaretten am Tag = Start Woche 3

Ich rauche weniger als 7 Zigaretten am Tag = Start Letzte Woche

---

Viel Glück für alle, die ernsthaft daran denken, mit dem Rauchen aufzuhören!

Nach dem gelungenen Weg zum Nichtraucher empfiehlt es sich auch, den Körper zu entgiften. Für den, der dies tun möchte, gibt es vielerlei Möglichkeiten. Natürlich muss jeder selbst bestimmen, welche Produkte er dafür einsetzen will. Wenn man besonders ängstlich ist, bestimmte Allergien hat oder sonstige gesundheitliche Probleme hat, muss man auf jeden Fall dafür den ärztlichen Rat hinzufügen. Hier werden nur Anregungen gegeben!

Orangen: Frisch gepresster Orangensaft ist voller Vitamine. Dies tut dem Immunsystem sehr gut. Man kann ihn mit etwas Wasser/Mineralwasser verdünnen.

Brokkoli: Diese Kohlart liefert viel Folsäure, was bei der Entgiftung sehr wirksam ist. Des Weiteren liefert er Vitamin B5 und Vitamin C. Er enthält Sulforaphan, ein chemischer Stoff, der Gifte neutralisiert.

Zitronen: Die Zitrone hat einen hohen Vitamin C Gehalt. Einmal stärkt es das Immunsystem und des Weiteren wirkt es antioxydativ. Die Zellen werden vor freien Radikalen geschützt. Entgiftungsprozesse in der Leber werden angekurbelt, gefährliche Stoffe gehemmt und ausgeleitet. Das enthaltene Kalium fördert zusätzlich die Ausscheidung schädlicher Stoffe. Viele nutzen eine Zitronensaftkur, die auch als „Master Cleanse Diät" bekannt ist und die folgendermaßen aussieht:

Zwei Esslöffel frisch gepresster Bio-Zitronensaft, zwei Esslöffel Ahornsirup (Kalium, Kalzium, Magnesium, Eisen), eine Prise Cayennepfeffer (sekundärer Pflanzenstoff Capsaicin für u. a. Durchblutung) und 300 ml Wasser.

Ingwer: Stärkt das Immunsystem und hilft so auch der Leber beim Entgiften. Wird auch viel als Tee getrunken und wirkt entzündungshemmend und schleimlösend. Ingwer ist auch schon oft im Zusammenhang mit Krebs genannt worden, d. h. man vermutet eine Stärkung der Zellen gegen Wucherungen.

Spinat: Das Chlorophyll im Blattgrün des Spinates reinigt das Blut und hilft, freie Radikale zu bekämpfen. Der Stoff soll auch das Nervensystem beruhigen und er wirkt gegen den Heißhunger; hilft also beim Abnehmen.

OPC: (Oligomere ProCyanidine) Sehr wirksame sekundäre Pflanzenstoffe. (Flavanole) In der Pflanze wirken sie als Schutz vor freien Radikalen. OPC ist in Traubenkernen enthalten (Traubenkernmehl) Z. B. finden sich diese Stoffe auch in Pinienrinden. Weitere Nahrungsmittel mit hohem OPC-Anteil sind: Kakaopulver (ungesüßt), Pecannüsse, Pflaumen und Cranberrys.

Neueste Untersuchungen weisen eventuell sogar daraufhin, dass Traubenkernmehl die Wirkung von Vitamin C um das 10-fache erhöhen soll. Zudem vermutet man eine stimulierende Wirkung auf die Zirbeldrüse (Produktion von Melatonin)

Kurkuma: Enthält Curcumin. Fördert die Funktion der Gallenflüssigkeit und entlastet die Leber. Schützt die Leber zusätzlich vor schädlichen Giften und heilt angeschlagene Leberzellen. Kurkuma ist der Hauptbestandteil von Curry, welches ja nur eine Gewürzmischung ist.

Wissenschaftliche Studien

(8) US-Langzeitstudie (Columbia University): Fünf Zigaretten pro Tag sind fast genauso schädlich wie eine Packung!

Ein paar Zigaretten am Tag, wen stört es? Sie nennen sich Gelegenheitsraucher und meinen, es würde ihrer Gesundheit in keinster Weise schaden. Eine Langzeitstudie, die in den USA durchgeführt wurde, zeigt nun, dass auch der Gelegenheitsraucher stark gefährdet ist. Auch der Partyraucher gehört zur Kategorie der Gelegenheitsraucher und muss sich nach diesen neuen Untersuchungen ebenfalls Gedanken machen. Diese Gruppe von Rauchern unterliegt der gleichen Fehleinschätzung wie der Durchschnitt der Gesellschaft. Wenig rauchen wird ganz anders bewertet, als wenn man eine Schachtel am Tag raucht. Was sagt aber unser Körper dazu? Die Columbia Universität hat nun genau diesen Aspekt untersucht. Eine groß angelegte Langzeitstudie wurde von den Wissenschaftlern durchgeführt und in einem amerikanischen Fachmagazin veröffentlicht. Das „The Lancet Respiratory Medicine" berichtete von der Schädigung der

Lunge in beiden Fällen. Der Gruppe der „normalen Raucher" und der Gruppe der „Gelegenheitsraucher". Das Alter der Probanden lag zwischen 18 und 90 Jahren. Es wurden ca. 10.000 Nichtraucher befragt und untersucht sowie ca. 7.000 ehemalige Raucher. Alle Teilnehmer wurden umfänglich befragt bezüglich ihrer Vorerkrankungen, dem Rauchverhalten, aber auch dem individuellen Lebensstil. Etwa 5.800 Teilnehmer hatten diverse Versuche eines Rauchstopps hinter sich und gaben an, dass diese Versuche erfolglos blieben. Etwa 2.500 Probanden waren normale Raucher, die durchschnittlich ca. 20 Zigaretten am Tag benötigten.

Raucherstudie: Die Lunge im Focus:

Bei allen Teilnehmern, die rauchten, kam die Raucherlunge vor. Ganz gleichgültig, ob sie nun sehr wenige Zigaretten am Tag verbrauchten oder eine ganze Schachtel und mehr. Die Spirometrie ergab (Lungenfunktionstest), dass der Alterungsprozess dieses Organs durch das Rauchen in jedem Fall beschleunigt wurde. Alle Teilnehmer wurden diesbezüglich genauestens untersucht. Der „Messzeitraum" dieser Studie verlief über 20 Jahre. Alle Daten wurden über diese lange Zeit genau festgehalten und gespeichert. Natürlich wurde auch der ganz normale altersbedingte Verfall der Lunge mit in die Untersuchung einbezogen. *Dieser Prozess wurde aber eben durch das Rauchen noch verstärkt, was auch einen schnelleren Abbau nach sich ziehen muss.*

Die Wissenschaftler warnten, dass die Atemwege also stark gefährdet sind. Die Nichtraucher hatten nicht annähernd diese Probleme. Der Raucher steuert über kurz oder lang auf chronische Erkrankungen zu.

Der Zigarettenkonsum: Die Lunge differenziert nicht!

Dieses für den Menschen wichtige Organ sollte nicht zu stark belastet werden. Und viele Zigaretten belasten es und wenige Zigaretten belasten es genauso stark. Wenn schon in geringerem Maße, dann nur im Minimalbereich. Die Studie gab dafür ein interessantes Verhältnis an: Das Risiko eines Gelegenheitsrauchers im Verhältnis zu einem normalen Raucher liegt bei 75 zu 100. Das bedeutet, dass nach 7,5 Jahren die Schädigungen der Lunge im Normalfall ein bestimmtes Level erreichen. Beim Gelegenheitsraucher stellt sich dieses Level nach 10 Jahren aber ebenfalls ein. Der Unterschied ist also sehr gering!

Eilzabeth Oelsner, die als „Co-Autorin" mitwirkte, mahnte nach dieser Langzeitstudie, dass sich die Gelegenheitsraucher nicht in Sicherheit wiegen dürften. Die Zigarettensucht ist immer und in jedem Fall schädlich.

Ob sie 2 Zigaretten am Tag konsumieren oder 20 Stück.

Der Rauchstopp ist unumgänglich, auch wenn es schwer ist:
Will man seinem Herz-Kreislauf-System Gutes tun, so sollte man sich zur Abstinenz durchringen. Da spielt es keine Rolle, ob die Risiken auch weiterhin höher liegen als bei einem Nichtraucher. Irgendwann gleicht man sich dem Gesundheits-Level des Nichtrauchers an, auch wenn es sehr viele Jahre dauert.

Dieses also die erste sehr aktuelle wissenschaftliche Studie zum Rauchen. Trotz dieser Einschätzung, dass auch ein geringer Zigarettenkonsum den Körper ebenso massiv belastet, würde ich dennoch für die meisten empfehlen, vorübergehend die Zahl der Zigaretten pro Tag zu reduzieren. Erst so komme ich an den wichtigen Punkt zu merken, dass eine schwere Hürde zu überwinden ist. Der eine oder andere schafft es vielleicht auch „leichter" sofort aufzuhören, das ist dann natürlich sehr gut. Viele Raucher berichten, dass sie es eher als Qual empfunden haben, Stück für Stück die Anzahl der Zigaretten einzuschränken. Aber jeder Raucher kennt es, dass sich auch schon ein körperlicher Erfolg bei reduziertem Rauchen einstellt. Der

Körper wird besser durchblutet, man bekommt besser Luft in Belastungssituationen (Treppe, Sport usw.)

(9) Studie: „Die Seele raucht immer mit"/psychische Gesundheit (Pharmazeutische Zeitung), Inga Richter

Das Rauchen ist nicht nur für die physischen Erkrankungen verantwortlich, sondern kann auch psychische Störungen begünstigen. Im Umkehrschluss ist es aber auch so, dass eine psychische Erkrankung erfahrungsgemäß zum starken Rauchen verleitet. Dieses ist eine unheilvolle Allianz, die sich scheinbar gegenseitig hochschaukeln könnte. Doch in diesen Bereichen ist sich die heutige Wissenschaft noch nicht so sicher und es werden in Zukunft noch umfangreiche und lang angelegte Studien vonnöten sein, um diesen Zusammenhang zu entschlüsseln. Der Rauchstopp wird sich auf jeden Fall positiv auswirken, die Frage ist eben nur, ob sich der Patient, der sich in einer Depression oder Psychose befindet, überhaupt zu so einem fundamentalen Schritt durchringen kann.

Die Warnhinweise auf den Zigarettenpackungen umfassen zwar mehrere wichtige Aspekte der Gefahren, aber sie sind dennoch lückenhaft und ob der gewünschte Effekt auf die Raucher auch tatsächlich Auswirkungen zeigt, darf bezweifelt werden. „Rauchen fügt Ihnen und den Menschen in Ihrem Umfeld erheblichen Schaden zu. Wer das Rauchen aufgibt, verringert das Risiko tödlicher Herz- und Lungenerkrankungen." Hier könnte man sofort einwenden: Es fehlt der Hinweis auf die Gefährdung der psychischen Gesundheit. Dr. Christoph Kröger vom IFT München sagt dazu: Man nimmt an, dass eine hohe Komorbidität besteht, zwischen der Nikotinsucht und den psychischen Erkrankungen. Raucher leiden doppelt bis vierfach so stark an verschiedensten Angststörungen im Gegensatz zu Nichtrauchern. (Anmerkung: Das Schwierige bei solchen Untersuchungen könnte allerdings darin bestehen, dass gerade psychisch Kranke oft zur Aufhellung ihrer Stimmung rauchen. Und dieses ist weit verbreitet. Wenn aber der Großteil der psychisch Kranken raucht, muss das nicht unbedingt den Umkehrschluss zulassen, dass viele Raucher irgendwann auch seelisch erkranken. Denn wer bereits psychisch krank ist, kann dann ja nicht mit in diese Probanden mit eingerechnet werden. Siehe die jetzt folgenden Sätze:

Jeder zweite bis vierte Teilnehmer einer US-Studie, die unter einer sozialen Phobie litten, rauchte. Bei bipolaren Störungen waren es sogar 2/3 der Patienten. Insgesamt wurden etwa 4.200 – 4.600 Personen in die Studie eingebunden. Nur jeder 5. der Probanden, der keine psychischen Probleme hatte, griff täglich zur Zigarette.

Auffallend war, dass je schwerer die Psychose oder Depression war, die Personen auch vermehrt rauchten. Dass nun der Tabakrauch auch seelische Störungen begünstigen könnte, will niemand so genau sagen und kann wohl auch niemand sagen. Dafür reichen die vorhandenen Daten und Aussagen von Ärzten und Patienten noch nicht aus. Ein Arzt erklärt: „Wir gucken, wer eigentlich raucht und schauen, wer danach depressiv geworden ist. Das ist natürlich kein wirklich wissenschaftliches Arbeiten. Viel zu viele andere Faktoren, die sich auf den einzelnen Probanden auswirken, werden überhaupt nicht berücksichtigt.

Eine weitere Untersuchung, die noch tiefer in die Problematik einzutauchen versuchte, fand an der „University College London" statt. Die bezogen zahlreiche weitere Fakten mit in ihre Untersuchung ein. Vorerkrankungen, das Gesundheitsverhalten, das Alter, den Status im Leben, den BMI usw. Dann nahmen sie noch Speichelproben von den Teilnehmern, deren Zahl sich insgesamt auf 8.100 Personen belief. Etwa 2/3 davon waren Raucher, der Rest Nichtraucher. Die Studie wurde um die Jahrtausendwende betrieben. Nun wurden die Anteile von Serumcotinin (Abbauprodukt des Nikotins) im Speichel bestimmt. Die Teilnehmer wurden in verschiedene Gruppen eingeteilt. Es waren 5 und man ermittelte nun ihren psychischen Zustand. Das Ergebnis war wenig überraschend. Kurz gesagt: Wer vermehrtem psychischem Stress ausgesetzt war, rauchte auch mehr. Nichtraucher, die einen geringen Wert des Serumcotinins hatten, waren seelisch viel fester und stabiler als die Raucher. Dabei kam auch heraus, dass selbst Passivraucher mit dem Cotiningehalt belastet waren.

Giftige Partikel:

Die Liste der Substanzen, die sich im Tabakrauch befinden, lesen sich wie der Inventurbericht eines Giftschrankes. Acetaldehyd und Blausäuren sind neben dem oft genannten Nikotin in höherer Dosis enthalten. Dazu kommt noch Aceton und Acrolein sowie Teer und Arsen. In geringeren Mengen findet man auch noch schädliche Schwermetalle. Die Anzahl der Substanzen soll sich insgesamt auf mehrere Tausend belaufen.

Es besteht eine Ambivalenz zwischen der Zigarettensucht und der psychischen Erkrankung, erklärt ein Forscher der Studie. Daher folgert er auch, dass die Therapie, die zu eine Abstinenz führen soll, im Falle des psychisch Erkrankten noch viel umfassender und behutsamer ausfallen muss. Ein Konzept „Ohne Zigaretten nach Hause" wurde herausgearbeitet. Hier kommen dann Nikotinersatzstoffe zum Einsatz sowie spezielle

Gesprächsrunden, die in etwa den Selbsthilfegruppen im Lande ähneln. Wichtig ist den Forschern und Therapeuten auch, dass es klare Regeln und Strukturen für den Tag gibt, an denen sich der Proband „entlanghangeln" kann. Die alltägliche Lebensgestaltung ist hier vorrangig sowie die Mechanismen, die man einsetzen kann, falls das Verlangen zum Rauchen sehr stark aufkommt. Erst in der Remissionsphase einer Erkrankung sollte begonnen werden, den Entzug zu forcieren. Das Ganze müsste dann auf jeden Fall auch durch Gespräche mit dem Arzt abgesichert werden. Auf keinen Fall darf die Abstinenz eine Verstärkung der psychischen Probleme nach sich ziehen. Auch im medikamentösen Bereich kann der plötzliche Entzug von Nikotin negative Folgen haben bzw. die Wirkung der Medikamente verändern.

Eine Metaanalyse an der Universität von Birmingham zeigte, wie die Psyche von Patienten auf einen völligen Entzug bzw. den Rauchstopp reagiert. Über 25 verschiedene Untersuchungen, die sowohl die Zeit vor dem Entzug als auch die ganzen Jahre danach berücksichtigten, kamen zu folgenden Ergebnissen: Depressionen schwächten sich ab, die Ängstlichkeit der Patienten verminderte sich und auch die wichtigen positiven Gefühle verstärkten sich. Verglich man diese Erfolge mit den Teilnehmern, die weiterhin rauchten, und die durch die Ärzte mit Hilfe von Antidepressiva und anderen Medikamenten therapiert wurden, um ja letztlich den gleichen Erfolg zu erreichen wie bei den abstinenten Probanden, dann schnitten Letztere doch etwas besser ab. Der Rauchstopp wirkt sich also langfristig leicht positiv aus.

Erfahrungsgemäß war auch hier der Zigarettenkonsum höher, je schwerer die psychische Erkrankung ausfiel. Einer der Forscher bestätigte auch, dass es weiterhin sehr unklar ist, wie sich das Nikotin in solch einer Therapie oder aber genauer in der Psyche des Menschen auswirkt. Wichtig soll wohl besonders der Cocktail der Giftstoffe sein. Beim Nikotin weiß man bereits, dass es an bestimmte Rezeptoren im Gehirn andockt. Daraufhin schüttet der Körper hohe Dosen an Neurotransmitter aus. Diese Stoffe sind auch Gegenstand in der Erforschung von psychischen Krankheiten. Insofern besteht schon daher eine nebulöse Verbindung dieser scheinbar unterschiedlichen Themenbereiche. Drei Substanzen werden hier immer wieder genannt: Dopamin, Serotonin und Endorphin. Dopamin nutzt der Körper als sogenannten „Belohnungs-Stoff", Serotonin führt bei zu niedrigem Spiegel zu Schwermutigkeit/Depressionen. Das „hauseigene Opioid" des Körpers ist dann das Endorphin, d. h. der Körper produziert es selbst, um ein Wohlbefinden auszulösen.

Für den Raucher selbst erscheint der Konsum des

Nikotins zu besseren Gedächtnisleistungen zu führen. Auch die Aufmerksamkeit wird gesteigert. Dazu kommen entspannende Empfindungen und Wohlgefühle. Ein Psychologe der Studie gibt zu bedenken, dass viele Raucher schon in ihrer Jugend angefangen haben, Zigaretten zu konsumieren. Mit den Jahren gewöhnt sich der Körper, speziell das menschliche Gehirn, an diese Substanzen und die Rezeptoren des Rauchers werden stark beeinflusst. Der Raucher ist in seinen Sinnen leicht beschränkt - in dem Sinne, dass bestimmte Reize nicht so intensiv empfunden werden wie durch einen Nichtraucher. Trotzdem meinen die Forscher, dass dieses Gebiet noch nicht einmal ansatzweise richtig bearbeitet und verstanden wurde. Die Wissenschaft ist noch nicht in der Lage, diesen Komplex mit eindeutigen Aussagen zu umreißen.

Die Botenstoffe im Körper eines Menschen haben normalerweise ein gesundes Gleichgewicht bzw. Verhältnis zueinander. Sind diese verschiedenen Stoffe nicht in der gewünschten Konzentration und Menge vorhanden, so zeugt das schon von einer psychischen Belastung oder gar Erkrankung. Daher finden wir bei diesem Personenkreis häufig Raucher. Der Mensch mit Depressionen raucht viel, damit er seine Depressionen bekämpfen kann. Das Gleiche gilt für die Angstpatienten. Der Arzt spricht hier von der sogenannten „Selbstmedikation", wodurch der Patient die „Höhen und Tiefen" in seinem Gemüt versucht auszugleichen. Doch langfristig ist damit für den Patienten nichts zu gewinnen, denn das Nikotin baut sich ja immens schnell ab. Man geht davon aus, dass schon nach einer halben Stunde die entspannende und wohlige Wirkung wieder verflogen ist. Auch ist der menschliche Körper so konzipiert, dass er nach längerem Konsum die Wirkung sozusagen abschwächt. Der Effekt des Rauchens ist also am Anfang noch recht hoch, später dann aber eher gering. Dies hat zur Folge, dass viele Raucher nach einer gewissen Zeitspanne anfangen, immer mehr zu rauchen.

Es spielt hier auch die Evolution des Menschen mit hinein. Denn lauerten in der Urgeschichte des Menschen Gefahren, so schüttete der Körper Stresshormone aus. So etwa wie die Instinkte der Tiere funktionieren, so konnte der Mensch mit Hilfe von Hormonen sozusagen gesteuert werden. Adrenalin steigert die Herzfrequenz und bei Gefahr musste der Ur-Mensch schnelle Entscheidungen treffen. Flucht oder Angriff? Forscher sagen, dass das Gehirn durch die Nikotingaben in einen regelrechten Alarmzustand versetzt wird. Bei psychisch Kranken kann das Rauchen sogar suizidale Gedankengänge verstärken.

Es gibt Klassifikationssysteme in der Medizin, die die Nikotinsucht als Krankheit bereits anerkennen. Somit *erklärt sich auch, weshalb einige Ärzte mutmaßen, dass die Wurzeln einer Suchtkrankheit die gleichen sein könnten, wie die der Depression oder ähnlichen psychischen Erkrankungen. Bis zu 90 % der Probanden, die alkohol- oder drogenabhängig waren, rauchten auch. 50 % waren es immerhin im Minimum. (Anmerkung: Auch hier schließt man wieder auf ein Ergebnis, das sich jedoch auch ganz anders aufgebaut haben könnte, s. o.)*

Diese Studie berücksichtigt genau das, was viele Ratgeber „Wie werde ich zum Nichtraucher" kaum oder gar nicht berücksichtigen. Die seelische bzw. psychische Komponente ist sicherlich um vieles gravierender als die körperlichen Entzugserscheinungen. Den Raucher allerdings als so krank einzuschätzen, dass er dem psychisch Kranken in etwa gleichgestellt wird, halte ich für recht abenteuerlich. Das zeigt doch nur, dass der Gesunde, wie der Kranke als auch der Raucher gemeinsame Defizite haben, die es zu ergründen gilt.

DIE ENTSCHEIDUNG LIEGT BEI JEDEM SELBST!

Betont werden muss, dass jeder Raucher selbst entscheiden muss, ob er aufhören will zu rauchen. Das ist keine Floskel, das ist Fakt. Die Freiheit, selbst zu entscheiden, muss dem Raucher zugestanden werden. Niemand anderes ist dazu in der Lage, das zu schaffen; jede Rede davon, man habe jemand anderen vom Rauchen abgebracht, ist völliger Unsinn. Das ist das Erkennungsmerkmal von einem Laien, dass er die Bewältigung von Alltagsproblemen direkt überträgt auf die Suchtproblematik und dabei zu 100 Prozent falsch liegt!

Es ist eine große Willenstat und nur er allein wird es dann geschafft haben. Oft sind es bestimmte Schicksale oder Geschehnisse im Umfeld des Rauchers, die ihn letztlich dazu bewegen, keine Zigarette mehr in die Hand zu nehmen. Manchmal ist der wiederholte Angang, dies zu schaffen, nur die Vorbereitung auf den speziellen Zeitpunkt, wo dann alles zusammenpasst. Da können dann auch oft Eindrücke aus der Umgebung desjenigen das " Zünglein an der Waage" sein. Das Missionieren und Einreden auf den Raucher bewirkt eher das Gegenteil. Selbsthilfegruppen im Blauen Kreuz berichten von Spielern und Alkoholikern, die zu einem sehr großen Teil den Tiefpunkt in ihrem Leben noch nicht erreicht haben und daher weiter zocken bzw. weiter trinken. Auch sie brauchen in den meisten Fällen sehr viele Anläufe. Natürlich sind dies extremere Erfahrungen als üblich und der Raucher befindet sich in etwas "ruhigeren Gefilden".

Aber man kann von den Erfahrungen in diesem Suchtbereich sehr viel lernen. Auch der Raucher hat irgendwann eine Zeit (Tiefpunkt) im Leben, wo vielleicht alles zusammenpasst. Und es gibt natürlich Zeitpunkte im Leben eines Süchtigen, da würde jeder andere selbst Betroffene sagen: Jetzt ist Schluss damit! Derjenige selbst aber beurteilt seine Lebenssituation ganz anders. Der Mensch tut sich sehr schwer mit Veränderungen, denn es bedeutet immer, Mut zu haben und eine größere Unsicherheit in Kauf zu nehmen. Auch in politischen und gesellschaftlichen Zusammenhängen sieht man sehr deutlich, wie schwer sich die Menschen damit tun, Veränderungen zu akzeptieren oder gar einzuleiten. Wie viele Staaten mussten erst eine absolute Niederlage erleiden, bis sich endlich positive Veränderungen Bahn brechen konnten.

So verschieden die Menschen sind, so verschieden und mannigfaltig sind auch die Methoden, mit denen der Einzelne es schafft, ohne Zigaretten auszukommen. Das macht das Ganze besonders schwierig. Der eine braucht nur ein paar prägnante Worte, vielleicht den richtigen Ton, und schon ist er auf dem Weg der Umkehr. Der andere braucht hunderte Versuche und ist dennoch nicht über die entscheidende Hürde gesprungen. Aber entscheidend ist, dass es ihm beim 127. Mal gelingt. Und der erfolgreiche Nichtraucher und „Durchstarter", der sein Ziel in wenigen Tagen vielleicht erreicht hat, ist heute Kettenraucher und glaubt, dass er es niemals schaffen wird.

Allein es gilt: „Wenn sie es wirklich wollen, dann schaffen sie es!"

Zitate von Schriftstellern zum Thema Sucht:

"Die Sucht nach mehr
richtet die Menschheit zugrunde."
Mohammed

"Aus himmlischem Material
lässt sich die beste Hölle machen."
Manfred Hinrich

"Die ihr Unglück opfern sollen, können sich so
schwer von ihm trennen."
Manfred Hinrich

"Entwöhnen, schmerzhaftes Sterben
zu neuem Leben."
Manfred Hinrich

"Die wirksamste und beste Suchtvorbeugung ist das
Genießen-Können."
Ernst Ferstl

"Je vollherziger wir sind, umso weniger müssen wir in
uns hineinstopfen."
Ute Lauterbach

"Wie kann ich unterscheiden zwischen Hingabe und Sucht? Indem ich mir folgende Frage beantworte: Komme ich zur Sattheit?
Wie fühle ich mich hinterher? Suchtvollzug hat ein gewisses Tempo, Hingabe ist spielerisch."
Ute Lauterbach

"Die Sucht ist wie eine Hydra, schlägt man ihr einen Kopf ab, wachsen schnell zwei nach."
Enno Ahrens

Die Sucht ist immer das Ergebnis einer psychischen Mangelerscheinung"
Helmut Glaßl

Quellenverzeichnis:

(1) Welt Gesundheit, Mario Lips, 22.09.2016 „Nikotin als Wirkstoff gegen Parkinson und Alzheimer".
Internet: www.welt.de/gesundheit/article158305047/Nikotin-als-Wirkstoff-gegen-Parkinson-und-Alzheimer.html

(2) Österreich Kurier vom 23.03.2018 Chronik / von Yvonne Widler. Internet: https://kurier.at/chronik/oesterreich/junge-raucherin-ich-moechte-tschicken-wo-und-wann-ich-will/400009530

(3) Blogbeitrag im Internet von Ruediger Dahlke, Arzt, Autor und Seminarleiter, Internet: https://blog.dahlke.at/sucht-und-suche/

(4) SWR 2 „Kultur neu entdecken" Literatur, von Anna-Dorothea Schneider. Onlinefassung: Ulrike Barwanietz und Ralf Kölbel, 27.01.2019, Internet:

https://www.swr.de/swr2/literatur/jack-london-ko-enig-alcohol,broadcastcontrib-swr-31568.html

(5) NZ-Blogs, Nürnberger Zeitung, Thema Sucht, Poetentest, was sich zu lesen lohnt. Leslie Jamisons Suchtbuch „Die Klarheit" vom 04.12.2018, Internet: http://blog.nz-online.de/poetentest/tag/sucht/

(6) Bundeszentrale für gesundheitliche Aufklärung (BZgA) Internetportal „rauchfrei" , Community, Erfolgsgeschichten. Internet: https://www.rauchfrei-info.de/community/erfolgsgeschichten/

(7) Österreichisches Portal: Initiative Ärzte gegen Raucherschäden/Austrian Council on Smoking and Health, Initiative der Österreichischen Gesellschaft für Pneumologie, der Institute für Umwelthygiene und für Sozialmedizin der Medizinischen Universität Wien und der Österreichischen Ärztekammer. Internet: Rubrik „Ex-Raucher" https://www.aerzteinitiative.at/

(8) Focus Online, Gesundheit. „Risiko Rauchen", vom 17.10.2019, US-Langzeitstudie, Internet: https://www.focus.de/gesundheit/raucherstudie-fuenf-zigaretten_id_11246106.html

(9) PZ/Pharmazeutische Zeitung, Psychische Gesundheit, „Die Seele raucht mit" von Inga Richter. Ausgabe 30/2015, Internet: https://www.pharmazeutische-zeitung.de/ausgabe-302015/die-seele-raucht-mit/

Herstellung und Verlag:

BoD – Books on Demand, Norderstedt

ISBN: 9783754308868

© Matthes Heidt 2022

1. Auflage

Kontakt: Psiana eCom UG/ Berumer Str. 44/ 26844 Jemgum

Covergestaltung: Fenna Larsson

Coverfoto: depositphotos.com

FSC
www.fsc.org

MIX

Papier aus ver-
antwortungsvollen
Quellen
Paper from
responsible sources

FSC® C105338